江苏科技大学人文社科优秀学术专著资助计划项目

竞技运动竞争平衡理论探索与实践

赵 均 许 婕 著

中国矿业大学出版社
·徐州·

图书在版编目(CIP)数据

竞技运动竞争平衡理论探索与实践/赵均,许婕著.
—徐州:中国矿业大学出版社,2020.10

ISBN 978-7-5646-4768-1

Ⅰ.①竞… Ⅱ.①赵… ②许… Ⅲ.①竞技体育—研
究 Ⅳ.①G8

中国版本图书馆 CIP 数据核字(2020)第 121491 号

书　　名　竞技运动竞争平衡理论探索与实践
著　　者　赵　均　许　婕
责任编辑　史凤萍　陈振斌
出版发行　中国矿业大学出版社有限责任公司
(江苏省徐州市解放南路　邮编 221008)
营销热线　(0516)83884103　83885105
出版服务　(0516)83995789　83884920
网　　址　http://www.cumtp.com　**E-mail**:cumtpvip@cumtp.com
印　　刷　江苏凤凰数码印务有限公司
开　　本　710 mm×1000 mm　1/16　**印张** 10.75　**字数** 190 千字
版次印次　2020 年 10 月第 1 版　2020 年 10 月第 1 次印刷
定　　价　42.00 元

目　录

第一章　导论 …… 1

第一节　研究背景及研究意义 …… 1

第二节　国内外研究综述 …… 6

第三节　研究方法与研究思路 …… 16

第四节　研究创新与结构安排 …… 18

第二章　竞技运动竞争平衡解读 …… 20

第一节　相关概念的诠释 …… 20

第二节　竞技运动竞争平衡的理论基础 …… 27

本章小结 …… 34

第三章　竞技运动竞争平衡现象研究 …… 36

第一节　竞技运动竞争类型和平衡态势的界定 …… 36

第二节　竞技运动竞争平衡现象的举例与解析 …… 38

本章小结 …… 62

第四章　竞技运动竞争平衡影响因素分析 …… 64

第一节　竞技运动发展形态分类 …… 64

第二节　不同发展形态的竞技运动竞争平衡影响因素分析 …… 73

本章小结 …… 91

第五章 竞技运动竞争平衡机制分析 …… 93
第一节 竞技运动竞争系统的要素构成 …… 93
第二节 竞技运动竞争平衡的机制 …… 97
本章小结 …… 110

第六章 竞技运动竞争平衡对竞技运动相关冲突的消解 …… 112
第一节 竞争平衡对“强调夺标”与“鼓励参与”冲突的协调 …… 112
第二节 竞技运动竞争平衡对竞争与合作的矛盾统一 …… 119
第三节 竞争平衡对竞技运动国家主义与全球主义的融合 …… 122
本章小结 …… 127

第七章 竞技运动竞争平衡与中国竞技体育可持续发展 …… 129
第一节 竞技运动竞争平衡与中国竞技体育可持续发展的辩证关系 …… 129
第二节 中国竞技体育可持续发展的“平衡”策略 …… 134
本章小结 …… 144

第八章 竞技运动竞争平衡实践探索研究 …… 145
第一节 职业足球赛事水平与国家足球竞技实力的关系及提升策略分析 …… 145
第二节 职业网球赛事水平与国家网球竞技实力的关系及提升策略分析 …… 149
本章小结 …… 155

附录 专家访谈提纲 …… 157

参考文献 …… 159

第一章 导 论

第一节 研究背景及研究意义

一、研究背景

2017 年，习近平总书记在第 13 届全国运动会期间曾指出："加快建设体育强国，就要把握体育强国梦与中国梦息息相关的定位，把体育事业融入实现'两个一百年'奋斗目标大格局中去谋划，深化体育改革，更新体育理念，推动群众体育、竞技体育、体育产业协调发展。"[①]2019 年 8 月，国务院办公厅发布《体育强国建设纲要》，对中国竞技体育提出"更好、更快、更高、更强"的发展目标。因此，在中国加快建设体育强国的背景下，中国竞技运动的可持续发展需要依据科学的理念，从全新的视角去探索竞技运动发展的规律和机制，并将其置于国家长远的规划布局中，最终让体育成为中华民族伟大复兴的标志性事业。

经过数代人的努力，在 2004 年雅典奥运会上，中国代表团以金牌榜第二名的成绩跻身第一集团，打破了世界体坛"美俄争霸"的原有格局，开创了"美、中、俄三足鼎立"的奥运新局面。在 2008 年北京奥运会上，中国代表团又取得金牌数量第一的成绩，打破了美欧国家对金牌榜榜首的长期垄断。2012 年伦敦奥运会和 2016 年里约奥运会，中国代表团的奖牌总数略有下滑，但仍然处于第一集团之列。中国竞技运动的快速发展不仅带动了周边国家竞技运动的发展，而且加强了各国之间的交流，也为亚非拉地区发展竞技体育、提高竞技水平做出了表率。

通过历届奥运会奖牌榜以及国际性大赛的竞争格局变化，我们发现在竞技

① 习近平：《开创我国体育事业发展新局面 加快把我国建设成为体育强国》，http://www.xinhuanet.com/politics/2017-08/27/c_1121550898.htm。

运动发展过程中竞争格局常常呈现出“均衡—垄断—调控—均衡(再造)”的渐进过程①,竞技运动的竞争优势在时间与空间维度上也会出现动态变化性②,竞技运动的发展似乎呈现了一个平衡与不平衡互相转化的统一过程。与此同时,竞技运动发展过程中出现的诸多“制衡”现象如中国乒乓球的“养狼计划”等,需要我们就其“平衡”与“制衡”的内在本质与机制进行探索。

二、研究目的

(一)认识竞技运动竞技优势与转移的现象、规律以及竞争平衡的机制,揭示竞技运动竞争平衡的内在规律

本书研究竞技运动竞争平衡,通过分析田径、游泳、足球、乒乓球、篮球、竞技体操等竞技项目的竞争格局变化,分析竞技优势转移的轨迹,同时分析其内在动力与外界影响因素,揭示竞技优势转移的规律,在此基础上总结归纳竞技运动竞争平衡的内涵特征以及机制。

不论是竞技优势的转移还是竞技项目发展态势的涨落,都是竞技运动发展的外在表现。本书研究竞技运动竞争平衡的目的是探寻竞技运动发展的内在动力以及与其他竞技项目、社会环境之间的互动关系,从而研究竞技运动发展的内在规律,这一研究方式可为研究竞技运动发展规律提供全新的视角。

(二)构建竞技运动竞争平衡理论

与当前大多数学者从研究竞技运动发展的外界影响因素来构建竞技体育可持续发展理论不同,本书依据系统论、协同论以及系统生态学等理论思想,从动态平衡角度切入研究竞技体育可持续发展的内在动力及其规律,尝试构建竞技运动竞争平衡理论。

本研究引入动态平衡来解释和解决竞技运动竞争中的各种现象和问题,不仅是方法的创新,而且是理念的创新。这是因为动态平衡态势不仅广泛存在于自然界,也广泛存在于社会领域。社会内部诸因素相互不断的作用,这种作用不可避免地呈现出一种动态的线性和非线性统一的平衡态势,正是由于社会内部这种动态平衡态势的形成和发展使社会有了不断发展的动力和活力。竞技体育发展的内在动力恰恰也来源于内部诸因素之间的相互作用,且内部诸因素

①徐刚:《竞技运动项目发展过程中的垄断与均衡再造》,《北京体育大学学报》2004 年第 12 期,第 1693-1694、1707 页。

②杨改生、周珂、史友宽等:《现代竞技体育项目优势转移现象研究》,《体育科学》2009 年第 9 期,第 24-35 页。

相互作用的外在表现往往体现在竞争格局和竞技项目发展态势上。基于动态平衡建立起来的竞技运动竞争平衡理论，不只是对竞技运动竞争格局与项目发展态势等外在表现的解释，更重要的是探寻其内部发展机理和本质规律，预测其发展趋势，完善与创新竞技体育可持续发展理论，这对实现中国竞技体育可持续发展具有重要理论意义。

（三）促进我国竞技体育科学发展观的进一步实践

目前中国在个别竞技项目上具有竞技优势垄断特征，但长期竞技优势垄断导致的竞争失衡有可能无益于该项目在全球范围内的可持续发展，最终会影响中国体育事业的可持续发展。本书通过对竞技运动竞争平衡的研究，强调中国体育强国战略要有全球体育可持续发展的思维和远见，这不仅仅是中国体育自身发展的内在需求，是科学发展观在我国体育事业中的具体实践，也是世界体育事业发展的需要。

（四）为我国科学制定竞技体育发展战略决策提供参考

竞技运动竞争平衡研究不仅研究竞技运动内部平衡，同时也研究竞技运动与经济、社会发展等领域的协调关系，明确竞技运动竞争平衡与中国竞技体育可持续发展的辩证关系，为我国科学制定竞技体育发展战略提供参考。

三、研究意义

（一）满足竞技体育领域诸多平衡或制衡现象深入研究的需要

关于中国武术不能进入奥运会的问题，很多人认为是量化的问题，是评判打分可操作性的问题，但国际奥委会明确规定“只有在至少 4 个洲 75 个以上的国家开展的男子体育运动项目/分项和至少在 3 个洲 40 个以上国家开展的女子体育运动项目/分项才能被列为夏季奥运会的比赛项目”。由此可见，奥运会项目的设置是以该项目在全球范围均衡发展为前提的。因此从该规定考虑，武术入奥的困境应归咎于其在全球范围内不平衡发展的问题。

2005 年，在国际奥委会第 117 次全会上，国际奥委会开始对乒乓球、羽毛球、棒球、垒球等多个世界普及率不够高的项目进行投票，结果决定 2012 年奥运会不再设立棒球和垒球项目。虽然目前乒乓球依然是夏季奥运会项目，但在北京奥运会上，中国乒乓球队外战一场不败，包揽全部 4 金，这样的辉煌反而加速了很多人对这项运动发展的忧患意识。国际乒乓球联合会（以下简称“国际乒联”）原主席沙拉拉数次对中国乒乓球运动的独大表示忧心忡忡。此前，国际乒联已通过各种改写规则的办法试图打破中国乒团的“垄断”，沙拉拉面对记者的提问曾说“北京奥运会中国选手包揽了男女单打的金银铜牌，如果这样的格局长期存在，这项运动会走向末路”①。2009年，蔡振华甚至提出了“养狼计划”，但中国乒团依然能在大赛上实现大包大揽，乒乓球运动竞争的不平衡困扰着国际乒联。中国为乒乓球发展到现今的高度尤其是乒乓球运动在全球范围内的普及与提高做出了重大贡献，中国乒乓球具有的垄断优势对提高乒乓球在国际体坛的地位和影响力有何影响需要我们深入论证。

竞技运动的灵魂就是竞争，奥林匹克格言是“更快、更高、更强”，如何保持良性的竞争、实践奥林匹克格言以及如何理解上述现象，需要我们重新审视竞技运动竞争平衡的问题。

（二）满足竞技运动发展规律不断探索的需要

竞技运动以其独特的魅力和影响力吸引着众多学者专家去研究它、去探索它，但目前关于竞技运动发展规律的研究，往往是把竞技运动看成客体，从外界影响因素来分析研究其发展规律，把竞技项目看成可操作的单独个体来制定相关发展策略或战略，其外强加的含义浓厚。虽然每一种竞技运动都是由人发明、发展起来的，但每一种竞技运动都有自身的特点。尽管这些特点都是由人赋予的，但也如同生命体一样都经历着“产生—发展—成熟—衰落—消亡”的过程，其发展有内在的动力和规律。尽管外部环境对竞技运动的发展产生重要的影响，但不能用外在表现代替内在本质。当前对竞技运动发展的研究主要集中于对各种制约、影响因素的研究，通过消除其制约因素、制定保障条件等措施来达到发展的目的，但对为什么发展、发展到何种程度、发展的规律有哪些等问题的认识还不全面，而竞技运动竞争平衡的研究旨在探究这些问题，从而满足人们对竞技体育发展规律不断探索的需要。

（三）满足对竞技运动竞争态势运用新理论解释的需要

本研究旨在发现具有规律性的因果关系，厘清引起竞争各种态势的因果机制，解释各种竞争态势现象。从世界竞技体育的竞争格局来看，自2000年悉尼奥运会中国进入奥运金牌榜前三名开始，便确立了美国、中国、俄罗斯三极抗衡的奥运竞争格局。在亚洲，自1982年第9届亚运会开始就形成了中国、日本、韩国三国抗衡的竞争格局。从竞技项目层面来看，不同属性项目呈现的竞争格局也不一样，例如，同属游泳项目，当今主要形成了美国及澳大利亚两方为主体、多方参与竞争的格局。再从单种项目层面来看，不同竞技项目的竞争格局

①《沙拉拉首次承认改革针对中国　乒球每局分数恐再减》，《南方都市报》2011年5月12日。

也不一样，例如，乒乓球竞技项目在1979年之前主要是中国与日本双方竞争的格局，而当今中国则鲜见竞争对手；又如足球运动项目，当今主要形成欧洲与南美地区两大区域多个国家竞争的格局。这一系列的现象需要透过表象了解内部机制，而当前的研究文献侧重横向分析，缺少纵向研究；强调外界因素分析，忽略内在变化规律。竞技运动竞争平衡研究不仅进行横向对比分析，更强调纵向研究；不仅分析外界因素，更注重内在规律探索。因此，对竞技运动竞争平衡展开研究有助于对上述现象更全面、更深层次的理解。

在亚洲竞技运动领域，自第9届亚运会后中国获得的金牌总数一直位列第一，而自第11届亚运会以来，中国获得金牌总数远远领跑亚洲，甚至比第二名的韩国和第三名的日本获得金牌数量之和还要多。在联系越来越紧密的东亚区域内，中国是否要保持或者拉大或者缩小这种竞技运动之间的差距，也就是说在一定区域内竞技运动是否需要保持或存在一种平衡，如果需要或存在这种平衡，它又将呈现何种态势？目前有关竞技运动竞争平衡的研究主要集中于各类型的职业联赛领域，侧重从经济学与管理学的角度解决各联赛队伍竞技实力均衡的问题，而一定区域内国家或地区竞技运动之间的竞争关系还不明确、不清晰，因此需要坚实有力的理论来解释，而对竞技运动竞争平衡展开研究恰恰能解决这些问题。

（四）满足中国国家形象建设及国家总体战略对竞技体育发展的需要

北京体育大学熊晓正教授（2009）在中国科协新观点新学说学术沙龙中指出，“从体育大国向体育强国迈进”的新目标反映了两个基本事实：第一，在我国迈入全面建设小康社会之后，我们在国际社会充当的角色已经发生了悄然的变化，从消极的旁观者到积极的参与者，以一个负责任的大国的面貌出现在国际舞台上，呈现出积极参与国际重大事务的态度。第二，2008年北京奥运会是一个战略转折时期，对半个多世纪的中国体育发展画上圆满句号。新时期，需要新的目标。建设体育强国只不过是国家总体战略的一个具体要求。这反映出中央对我国体育未来发展的总体考虑。诸多专家也持类似的观点，即中国建设体育强国应该是强国体育的内容，建设体育强国就应当为国家总体战略服务。

竞技体育与国家形象之间有着重要的因果关系①，而竞技运动竞争平衡研究不仅要解释各种竞争态势现象，厘清引起竞争态势的因果机制，还要论证竞争平衡与“奥运争光计划”等国家形象建设的辩证关系，为国家总体战略服务。

①赵均：《体育与中国国家形象研究》，《北京体育大学学报》，2012年第1期，第32-36页。

第二节 国内外研究综述

一、国外竞技运动竞争平衡研究现状

国内外在竞技运动的经济、社会以及政治功能重视程度上具有差异性，这种差异性导致对竞技运动研究的侧重点以及研究成果的富集度也不相同。

（一）有关职业联赛竞争平衡的研究

随着体育产业尤其是竞赛表演业的快速发展，学术界出现了就商业性体育联盟的竞争平衡进行的研究。西蒙·罗滕伯格(Simon Rottenberg)(1956)发表的《棒球运动员的劳动力市场》一文从对劳动力市场的买方垄断来研究美国棒球联盟联赛竞争性平衡，该研究产生了"工资帽""保留条款""收益分享"等制度。西蒙·罗滕伯格的研究对职业体育经济乃至整个经济学的一般理论研究产生了划时代的意义。此后就竞争平衡的机制研究不断深化，"球队工资帽""球员转会""收益分享""球队所在地"已被公认为影响联赛竞争平衡的主要因素。但也有部分学者例如恩多·梅兰尼(Endo Melanie)等(2003)、罗斯·博斯(Ross Booth)(2005)等分别通过对美国与澳大利亚各体育联赛竞争平衡现状的研究，指出了当前这些控制竞争平衡的手段的局限性，建议从劳动力市场角度寻求新的制度措施。另外，诸多学者通过引用各个学科的理论和方法不断寻找影响职业联赛竞争平衡的各种因素，取得了丰硕的研究成果。例如，拉蒙·弗洛雷斯(Ramon Flores)等(2010)认为外籍球员的引入对欧洲足球联赛竞争平衡产生重要影响；里维斯(Lewis)(2008)研究认为美国职业棒球联赛竞争平衡与球队所在地的经济水平有直接联系；博罗瓦(Borooah)等(2012)使用"广义熵"指数这一经济学概念研究了英格兰足球超级联赛竞争平衡的问题；科宁(Koning)(2000)利用普洛比模型(Probit model)分析荷兰足球联赛平衡问题，发现自 20 世纪 70 年代中期以来，荷兰足球联赛竞争平衡的结构就没有发生变化。

另外，竞争平衡测量指标的选取也更加多样化与科学化，相关研究成果不断应用于美国职业棒球联赛(MLB)、美国职业橄榄球联赛(NFL)、美国男子篮球职业联赛(NBA)、欧洲冠军联赛等各级联赛中。国外传统的测量职业赛事竞争平衡的指标主要有获胜率(WPCT)、联赛排名(Top K Ranking)以及联赛冠军的集中度 HHI 指数(Herfindahl-Hirschman Index，赫芬达尔-赫希曼指数)三种，但随着研究的不断深入和全面，传统测量方法的局限性愈发显现，例如路易吉·布扎奇（Luigi Buzzacchi）等（2010）指出了获胜率这一测量指标不能够清晰地反映竞争性平衡在过去的变化趋势。与此同时，有新的测量指标出现，像竞争性平衡比率（CBR）、惊喜指数等。

（二）关于竞技运动竞争格局的研究

国外就国际竞技运动竞争格局的研究主要集中于奥运会、世界杯等大型比赛结果的预测以及影响因素分析。伯纳德（Bernard）和巴斯斯（Busse）（2004）通过分析1960—1996年之间奥运会奖牌的分布，设计了“人口”与“国内生产总值（GDP）”这两个变量以及“东道主”“苏联集团”“计划经济”这三个绝对变量，从而构建了Tobit回归预测模型，并利用该模型对2000年雅典奥运会奖牌分布进行了验证。该研究认为人口和人均GDP是影响奥运会奖牌分布的重要因素，也是影响奥运会竞争格局的重要因素。福里斯特（Forrest）等（2010）在伯纳德（Bernard）和巴斯斯（Busse）研究的基础上给Tobit回归预测模型增加了两个协变量，且其采取验证的样本为1992—2004年奥运会奖牌分布，这期间由于没有因政治问题而联合抵制奥运会事件的发生，因此样本更具科学性。希利（Shibli）和宾厄姆（Bingham）（2008）就中国在奥运会上的表现进行了单独的分析，认为中国在奥运会上的成功主要归功于四个主要运动项目与女性运动员的表现，再加上中央政府支持，广泛使用的绩效管理原则以及似乎很少在乎金钱的价值问题，中国模式的表现是不能用一个基于人口与宏观经济变量的多元回归所能预测与解释的。上述研究在经济学、统计学以及体育学领域都产生了重要影响，同时这些研究方法和研究结论为本书研究竞技运动竞争格局的外部机制以及预测竞争平衡的发展趋势提供了重要的参考资料。

相对于影响竞争格局的外部机制研究，国外就影响竞争格局内部机制的研究富集度要小得多，比较常见的是对一些大型赛事设计的研究，例如斯卡夫（Scarf）与尤索夫（Yusof）（2011）以世界足球赛事设计（包括赛事结构、种子规则、晋级规则）为例研究锦标赛的种子规则，发现不同的种子规则对竞赛结果的不确定性产生重要的影响，而且不论哪一种种子规则都实际降低了比赛结果的不确定性。而就单种项目竞争格局的研究也多见于区域职业联赛竞争格局的研究，例如英格兰超级联赛、欧洲冠军联赛等，可能受国外博彩行业的影响，研究结果偏重竞赛结果的预测以及影响因素分析。

综上所述，国外关于竞技运动竞争平衡的研究主要集中于职业体育联赛领域。由于联赛管理及博彩分析的需要，诸多专家和机构借用各种理论和研究方法分析了影响竞争平衡的各种因素，同时竞争平衡的测量手段不断创新，新的衡量指标也不断出现。国外就职业联赛竞争平衡的研究侧重经济学分析，这对体育经济研究产生了重要的影响。

二、国内竞技运动竞争平衡研究现状

（一）关于竞技体育区域发展平衡的研究

1. 关于中国竞技体育区域发展平衡的研究

该类研究文献通过分析奥运会与全运会等中国竞技运动项目布局、成绩表现、管理体制等来探寻中国竞技体育发展非均衡的现状、原因以及发展策略等。例如，李卫(2001)通过建立竞技体育综合实力评价指标体系对中国各地区进行了评估分析，认为中国在竞技体育发展过程中存在着巨大的区域差异，在东、中、西三大地带上表现出明显的梯度特征(东部＞中部＞西部)，且西部与东、中部的差距越来越大；在南北方上则表现出项目结构、发展水平和速度的差异；最后提出我国竞技体育区域发展应走非平衡可持续发展道路的结论。于文谦教授在其主持的国家社会科学研究基金项目“当代中国竞技体育非均衡发展的研究”(项目批准号:05BTY020)中，就中国竞技体育发展不均衡的现象及其影响因素进行了较系统的分析，而就中国竞技体育非均衡发展的区域特征的研究与李卫的研究结果类似。陶双宾等(2011)通过研究发现中国各地区竞技体育严重失衡，失衡的局面与中国在市场资源配置中的特殊方式有关。邹师等(2012)在对我国区域体育发展差异分析后，提出东、中、西部不同的发展模式。

2. 关于国际竞技体育区域发展平衡的研究

国内关于国际竞技体育发展平衡的研究较少，但也不乏优秀的文献。例如，张晓义(2008)就国际竞技体育地域发展不均衡现象从社会学角度进行分析研究，他认为国际竞技体育发展不均衡表现为发达国家与发展中国家发展不平衡、主流体育文化地区与非主流体育文化地区发展不均衡的现象，同时他又从国家文化、外交战略的高度，就中国竞技体育在消除国际竞技体育发展不均衡现象中所承担的责任和使命进行了阐述。

上述研究为中国体育(竞技体育)平衡发展或中国竞技体育在世界体坛中的发展提供了理论参考依据，但研究的竞技体育平衡问题大部分属于发展形态领域，倾向于从市场资源配置的角度提出发展策略。

（二）关于竞技运动竞争格局的研究

国内较多文献通过分析世界性大赛的奖牌分布，研究世界竞技运动整体实力分布以及竞技运动竞争格局的发展趋势，探寻形成新格局的影响因素或为中国竞技体育发展提出策略参考。

1. 有关夏季奥运会竞争格局的研究

宋守训等(1993)采取“追踪统计＋综合评定＋对比分析”的方法，对 1992 年奥运会奖牌榜前 12 名的实力格局进行了评估。张人民(1993)对苏联及东欧政治局势的变化进行了详细研究分析，并准确预测奥运会竞争格局的变化趋势。他的研究认为，苏联及东欧政治格局的变化以及经济状况的恶化会使这些国家(包括俄罗斯在内)的竞技实力下降，预测美国在 1996 年的奥运上会超过德国与独联体并逐渐确立霸主地位，而中国、古巴等新兴国家会逐渐进入第二集团。曹景伟(2001)通过对第24～26 届夏季奥运会竞争态势的分析，认为当时奥运的竞争格局是极不平衡的，中国位于第一集团与第二集团的断裂带中，而且处于各个集团中的国家都具有自己的优势特色项目，中国的优势项目群主要集中于技能主导类表现难美性和隔网对抗性项群。凌平(2000)通过对第 24～26届奥运会、第 10～12 届亚运会以及历届全运会竞争格局的分析，认为第 26 届奥运会金牌、奖牌的分布趋向分散，中国已接近第一集团，虽然东亚五国进入亚运会但对亚运会的竞争格局影响不大，亚运会的奖牌主要集中于中、日、韩三国，而全运会竞争程度超过奥运会和亚运会。鲁国斌等(2002)针对奥运会的田径、游泳、水上项目 3 个大项、119 枚金牌的分布，研究分析了第 27 届奥运会的田径、游泳、水上项目的竞争格局，提出寻求“119”突破的措施与对策，其实这也是针对中国竞技运动非优势项目提出的发展对策，对整体提高中国竞技体育实力有着较高的参考价值。肖焕禹等(2004)研究雅典奥运会的竞争格局后认为中国已进入第一集团，奥运会已形成了美、俄、中三强竞争格局，与此同时，亚洲地区获得金牌数量显著增加，夺金领域拓宽。周曰卿(2004)研究了第 22～27 届奥运会田径竞争格局的总体、地域和性别特点，以此评价各参赛国的竞争实力和发展态势，研究发现田径竞争格局极不均衡，人种是影响田径竞争格局的重要因素。我国著名的运动训练学专家田麦久教授(2005)提出“国际竞技体育格局‘雅典重组’”概念，从地域学视角分析了竞技优势由“北大西洋组合”转向“西太平洋组合”的现象，为研究奥运会竞争格局提供了全新的视角。黄文敏等(2008)从北京奥运会奖牌榜分析了世界体坛竞争格局的特征及发展趋势，研究认为奥运会总体竞争格局未发生重大的改变，欧洲依然是世界竞技体育运动的中心，奥运会呈现出“强者更强、弱者恒弱、强弱明显”的两极分化态势，而且这种分化趋势正在加剧，整体格局处于重构秩序的嬗变期。

2008年北京奥运会之后，关于奥运会竞争格局的研究不断深化，研究文献不局限于奥运会竞争格局的研究，而就单种项目以及女子项目的研究越来越多。但其研究重点都放在竞争格局这一形态以及形成该竞争格局的原因与影响因素分析上，以探求中国竞技体育在奥运会中存在的问题，最后提出发展或突破的策略。

2. 有关冬季奥运会竞争格局的研究

相对于夏季奥运会竞争格局研究的火热，就冬季奥运会竞争格局的研究要少得多，探究其原因这可能与冬季奥运会项目少、中国参加冬季奥运会时间短以及国内冬季项目开展范围小等有很大关系。但有关冬季奥运会竞争格局研究的时间并不晚，例如，蒋加华(1993)在《欧洲冬、夏季奥运会形势及其趋势》一文中较详细介绍了冬季奥运会竞争格局的现状，并认为自1992年冬奥会新的竞争格局将露出端倪。任勇等(2009)通过对1924—2006年冬奥会参赛国家与地区的数量及位置分布的分析发现，冬奥会参赛国家和地区已涵盖世界五大洲，并快速地向全球扩散。沈艳(2011)对第21届冬奥会速度滑冰项目竞争格局变化特征进行分析，认为世界速滑竞争格局被打破。

总之，通过对该类研究文献的梳理可以发现，冬奥会运动项目由于受经济条件、群众性基础、区域限制以及项目文化的影响，欧洲在总体上一直占有巨大的竞技优势，虽然亚洲选手在短道速滑以及花样滑冰等项目上取得不少突破，但冬奥会竞争格局的变化不大。

3. 有关亚运会竞争格局的研究

1990年第11届北京亚运会是中国第一次举办大规模、综合性、国际性的比赛，这对中国具有重要的政治意义和社会意义。因此，在1990年前后对北京亚运会的研究文献资料颇丰。例如，杨国庆等(1989)通过第7～10届亚运会奖牌的分布研究亚运会竞争格局的特征，并对中、日、韩三国竞技体育制度进行了对比分析。饶远(1990)研究了从德黑兰亚运会到北京亚运会竞争格局的变化，认为中国在亚运会中存在参赛项目不全、优势项目滑坡等问题，并提出了发展策略。李宁(1990)就亚运会三足鼎立格局形成的特点进行分析，认为三足鼎立格局的形成具有阶段性，同时对三足鼎立格局形成条件的异同性进行了细致的分析。除了对亚运会整体竞争格局的研究，还有对单种项目的研究。例如，未来(1990)分析了亚洲羽毛球竞争格局的演变历程并预测格局变化。鼓浪(1990)分析了亚洲足球竞争格局并对第11届亚运会做出展望。晓屈(1990)分析了亚洲女子篮球的竞争格局。南奎(1990)分析了亚洲男子排球以及女子排球的竞争格局。魏旭波(1991)从第 11 届亚运会体操比赛分析了亚洲的中国、朝鲜、韩国、日本四强竞技体操的竞争格局,从竞赛技术角度分析亚洲体操竞争格局的变化趋势。文超等(1994)通过分析第 1 届东亚运动会田径比赛成绩,对第 12 届广岛亚运会田径比赛的竞争格局进行了预测。骆先鸣(1994)认为苏联地处中亚的五个加盟共和国加入亚洲会对亚洲男子田径比赛竞争格局产生较大影响。鲁国斌等(2003)研究认为亚洲田径竞争格局已从"中日争霸"发展为"一枝独秀、列强纷争"的新格局,继而将演变为以地域性为主的"四大板块",东、西亚抗衡的局面。张爱平(2003)就釜山亚运会游泳项目竞争格局进行分析,认为中日争霸亚洲泳坛的格局没有改变,中国游泳实现全面复苏。张玉泉(2004)研究认为亚洲田径竞争格局并不均衡,且呈现出鲜明的四类集团等级(金字塔)结构特征。

第 11 届亚运会后,中国在亚运会上获得金牌总数远远领跑亚洲,甚至比第二名的韩国和第三名的日本获得的金牌数量之和还要多,这一竞争格局一直延续至今,自此,国内关于亚运会竞争格局的研究逐渐从整体向单种项目倾斜。总之,上述亚运会竞争格局的研究为中国竞技体育发展与突破,尤其是如何在亚运会中取得好成绩提供了重要的参考依据。

4. 关于单项竞技运动竞争格局的研究

关于单项竞技运动竞争格局的研究主要集中于奥运会项目中群众关注度较高的项目,如篮球、足球、田径、体操、游泳等。研究思路基本上是通过大赛奖牌的分布来研究竞争格局以及该格局产生、变化的原因。

例如,葛耀等(2006)通过统计分析历届奥运会男子篮球比赛、世界男子篮球锦标赛前三名成绩归属,把世界男子篮球竞争格局的演变划分为四个时期并讨论各个发展时期的特点,进一步阐述世界男子篮球竞争格局演变的原因,并预测了当时世界男子篮球竞争格局演变的发展趋向。张元文(2011)通过研究第 16 届世界男子篮球锦标赛竞争格局,分析中国男子篮球队与对手及八强球队替补、后卫、年轻运动员的差距,提出中国男子篮球队的发展对策。另外,我国著名的篮球专家孙民治(2003)依据世界向全球化发展的历史背景,阐述了篮球运动的本质属性及其特殊的活动方式、方法、特征、规律等,考虑到社会的发展趋势,纵向辩证分析了篮球竞技运动的动态发展格局,提出美、欧等国际强队长盛不衰的原因,为提高我国篮球竞技水平提供了重要的参考数据。另外,郭涤等(2003)对新中国男子篮球竞赛格局发展进行量化分析,探寻中国男子篮球竞赛格局近 50 年发展变化的内在规律,认为中国男子篮球竞赛格局近 50 年的发展变化与地理分布、经济发展密切相关,经济因素起到至关重要的作用。

郁静等(2001)研究中日韩三国足球发展中的优缺点,探讨了东亚足球运动发展格局,认为职业化的运行制度对足球竞技水平提高起到重要的作用。汪伟信(2002)对第17届世界杯足球赛进行剖析与研究,从整体上分析了现代足球的发展潮流以及趋势走向,对今后中国足球运动的发展提出意见。初永和(2003)认为世界足坛的格局仍然是欧洲和南美洲称霸天下,但欧洲、南美洲球队与其他对手的差距正在缩小,亚洲、非洲、北美洲和加勒比地区足球水平发展迅猛,但亚洲足球水平参差不齐且两极分化严重,而要迅速提高中国足球的水平,必须从青少年抓起,搞好职业联赛,建立适合中国足球健康发展的机制体系。龚波等(2011)从文化背景角度分析了世界足球竞争格局不均衡的现象,这种不均衡主要体现在区域化与风格的多样化上,文化的路径依赖奠定了世界足球的竞争格局。

詹建国等(2010)通过对第29届北京奥运会为主的近三届奥运会田径各单项比赛成绩进行统计分析,表明比赛奖牌的地域性分布维持稳态趋势;牙买加及非洲军团分别在短跑项目和长跑项目上呈现统治性表现是田径竞争格局演变的最大动因;中国田径的整体实力得以提升但未完成夺金任务,中国田径项目结构失衡,传统项目滑坡。彭嘉琦等(2012)对在上海举行的第14届世界游泳锦标赛室内游泳成绩进行分析并与北京奥运会和第13届世界游泳锦标赛成绩进行比较,认为美国队依然占据主导地位,欧洲军团崛起,中国队领军亚洲,澳大利亚队则持续低迷;同时研究认为中国在蝶泳项目中有较强竞技优势,在蛙泳、仰泳上处于劣势。曲鲁平等(2011)对第29届奥运会、第41～42届世界体操锦标赛以及第11届全国运动会上的运动员跳马动作进行对比分析,认为国内外运动员在动作类型上具有差异性,并认为2012年伦敦奥运会女子跳马项目中国运动员具有优势。

(三)关于竞技运动制胜规律以及竞技优势转移的研究

1. 关于竞技运动制胜规律的研究

田麦久等(1984)就竞技运动项目分类进行了深入的研究,建立了科学的竞技运动项目分类体系,这为研究竞技运动制胜规律提供了普遍的研究方法,此后产生众多关于竞技运动制胜规律的研究成果,为中国竞技体育的腾飞做出突出贡献。例如,田麦久(1986)就1986—1988年亚运会、奥运会中国竞技项目的等级配置进行了研究,为科学备战1986年亚运会及1988年奥运会提供了科学的制胜战略。谢亚龙等(1992)撰写的《中国优势竞技项目制胜规律》准确归纳了中国竞技运动优势项目的制胜规律,为促进中国竞技运动优势项目的进一步发展提供了科学参考。此后，就各项竞技运动制胜规律的研究不断丰富和发展，涌现出大量的高质量的期刊论文与学位论文。例如，刘卫东(2008)就竞技篮球运动制胜规律进行研究，认为影响竞技篮球运动制胜因素体系主要体现在训练、比赛、管理、选材、科研五个方面，其中以训练和比赛为整个制胜因素中的核心，其他几个方面都是为其服务，受其支配导向。郑立勋(2006)通过对射击项目制胜规律的研究认为，影响射击运动成绩的因素可划分为环境层、辅助层、关键层三个层面，进而总结出我国奥运会射击项目成绩发展的五条规律——阶段性发展规律、固定制管理体制规律、不均衡发展规律、影响因素协同作用规律、细节制胜规律。王德新(2010)研究现代男子拳击运动技战术特征后认为，现代拳击运动的制胜因素主要表现为以快为主，以快制胜，能攻能守，技术全面，连续作战能力强，主动求变，灵活应变，准确预判，准确击打，击打有力，注重进攻效率，团队控制，突出整体。冯瑞(2010)以中国国家男子体操队为例研究中国竞技体操制胜规律，认为制胜规律由制胜因素、影响因素、创新动力因素组成，而制胜因素是制胜规律的关键，制胜因素由"力、难、美、稳、新、高、飘"组成。茅洁(2011)对我国赛艇项目特点及制胜规律研究后，提出赛艇项目的五个主要制胜因素"强、快、连、稳、控"。王斑斑等(2011)分析了世界优秀乒乓球单打运动员制胜因素，认为发球、发球抢攻、进攻是决定乒乓球单打比赛胜负的关键因素。

一系列关于制胜规律的研究属于竞技运动竞技规律的内部机制的研究，这为我国竞技运动优势项目的保持、劣势项目的突破提供了理论保障，为中国制定竞技体育发展策略提供了科学的理论依据，对中国竞技体育迅速崛起具有非常重要的理论价值与实践价值。

2. 关于竞技优势转移的研究

杨改生教授主持的国家体育总局项目"现代竞技体育项目优势转移规律的研究"(项目批准号：1081SS07038)以田径、游泳、体操、足球、篮球、排球、羽毛球、乒乓球、网球等项目为例，较全面地分析了现代竞技体育项目优势转移现象并提出竞技优势获得的"金字塔模型"，较好地解释了竞技优势转移的原因。凌玲(2010)以亚运会田径项目为例，研究了亚洲田径运动竞技优势转移轨迹，提出自己独特的见解。笔者认为，考虑到1992年之前的奥运会以及其他大赛由于政治问题造成集体抵制以及部分优秀运动员转换国籍等偶然事件的发生，1992年之前国际竞技体育大赛奖牌的分布并不能准确反映当时的国际竞技运动竞争格局，因此通过这些奖牌分布数据不能很好地研究竞技优势转移的成因。

(四)关于职业联赛竞争平衡研究

当前国内关于职业联赛竞争平衡的研究成果主要集中于如欧洲冠军联赛(UEFA)、美国男子篮球职业联赛(NBA)、中国男子篮球职业联赛(CBA)等职业体育联赛领域竞争平衡的现状及机制研究。例如,王庆伟(2004)以NBA为例分析和总结职业联赛竞争平衡的组织结构及运行机制,通过中美职业体育联盟运行机制的对比分析,认为我国职业体育联盟正处于由行政垄断型向行政主导型转变的过渡时期,而最终的改革目标是走向市场垄断型职业体育联盟。王建国(2005)就NBA制衡机制进行深入研究,其研究的主题依然是竞争平衡问题,认为NBA的制衡机制由外部制衡、中立制衡及内部制衡三部分组成,研究还对CBA进行分析,认为导致CBA非均衡发展的原因主要是管理体制、人才培养模式以及权力约束等与市场需求不适应。郑芳等(2009)就职业体育如何达成竞争实力均衡、达成均衡的基本假设以及如何度量均衡三个问题进行研究,详细介绍了竞争均衡的机理、假设模型以及衡量方法等。何文胜等(2009)重点梳理了国外关于职业联赛竞争平衡的度量方法,并对欧美职业联赛竞争平衡的差异进行分析。李江帆等(2010)就职业体育俱乐部体育竞争与经济收益关系进行研究,认为体育竞争和经济收益是赛事价值与使用价值的客观反映,经济收益与体育竞争之间存在着本质的必然的联系。

由于国内外在市场经济发展水平及管理体制上的差异,再加上国内体育竞赛表演业发展相对缓慢,相比于国外对于职业联赛竞争平衡的研究,国内在该领域研究的深度和广度上都有较大差距。

三、国内外研究现状总结

(一)研究领域局限于职业联赛

竞技运动竞争平衡从研究领域来看,不论是国外研究文献还是国内研究文献都主要集中于职业联赛领域,但在研究的深度和广度上,国内外有明显的差异。国内关于职业联赛竞争平衡的研究较晚,从2009年才开始受到重视并迅速成为国内研究的热点,此后不断有新的研究成果出现,但研究成果数量很少,且国内研究文献大多是对国外职业联赛竞争平衡机制的学习以及竞争平衡测量方法的介绍;相比国内研究的现状而言,国外研究较早并且充分,成果颇丰。但不论是国内研究还是国外研究,就竞技运动竞争平衡的研究大多局限于职业联赛领域。

平衡作为一种普遍的自然现象和社会现象,广泛存在于各个领域。不仅职业联赛存在竞争平衡的需要，而且全球竞技运动不论是整体还是单个项目也都需要一个平衡来提供其发展的动力。徐刚(2004)通过分析竞技运动项目发展过程中的垄断与均衡再造，初步阐述了竞争平衡态势变化的过程，但此类就竞技运动自身平衡的研究较少。

（二）研究视角狭窄

由于受研究领域的限制，国外就竞技运动竞争平衡的研究侧重从经济学的角度分析，从外部因素寻求制衡的方法；相对于大赛竞争格局或竞技优势的研究，国外偏重从经济领域、市场调配角度来预测结果及趋势，大部分属于外部机制的研究；国内偏重从国家政策调配研究发展的策略，同样属于外部机制的研究。就竞技运动发展规律内部机制的研究，国内学者侧重制胜规律的研究，诸多的制胜规律研究为中国竞技运动的快速发展提供了重要的理论保障。但正如田麦久教授所说的那样，随着时代的进步与发展，我国发展竞技运动的目标与价值已不应该仅仅局限于为国争光，中国竞技体育应该承担起积极推动国际竞技体育的科学发展与健康发展，为人类社会的幸福、为和谐世界的构建做出贡献的国际责任。①

（三）研究思路较单一

梳理众多的研究文献可以发现，国内外研究大多是通过对奥运会等大赛奖牌的分布来研究竞争格局或竞技优势转移的影响因素以及发展趋势，但大赛奖牌的分布并不能真实反映当时的竞争格局。以奥运会政治抵制事件为例，1956年因政治问题，埃及、伊拉克、黎巴嫩、西班牙、荷兰、瑞士等国家没有参加墨尔本奥运会；1976年蒙特利尔奥运会，加蓬、冈比亚、扎伊尔等拒绝参加，阿尔及利亚、加纳、伊拉克、喀麦隆等国虽然前往但在开幕后不久就退赛，最终只有88个国家和地区参赛；1980年美国带头抵制莫斯科奥运会，只有81个国家和地区参加；1984年苏联等14国抵制参加洛杉矶奥运会；1988年朝鲜、古巴、埃塞俄比亚和尼加拉瓜抵制参加汉城奥运会，这些事件的发生对竞争格局产生重要的影响。另外，部分优秀运动员国籍更改也为研究竞技运动竞争格局带来偶然性的因素。诸多偶然因素的发生，对研究结果的严谨性与科学性带来影响。因此，如何消除这些因素对竞争格局的影响是研究竞技运动竞争平衡的前提条件。

总体而言，国内外就竞技运动竞争平衡的研究侧重外部机制研究，整体研

---

①田麦久:《北京奥运会后我国竞技体育科学发展的目标设置》,《天津体育学院学报》2009年第6期,第461-464页。

究尚不充分，缺少从全球的角度、从竞技体育本身可持续发展的高度和社会动态平衡态势的广度来研究和解决未来竞技体育可持续发展方向与体育强国建设路径的问题，因此存在着较大的研究空间和实践需求。

第三节 研究方法与研究思路

一、研究对象

本书主要以竞技运动竞争平衡为研究对象，通过对现代奥运会以及足球、乒乓球、网球、高尔夫球等项目的竞争格局或优势转移变化的过程与特征进行分析，论证竞争平衡是竞技运动发展过程中普遍存在的过程现象，探寻竞争平衡的动力来源、演化机制以及调节方式等，提出中国竞技体育可持续发展的策略，并展开竞技运动竞争平衡实践探索。

二、研究的主要方法

（一）文献资料法

文献资料研究方法是社会科学研究中比较传统的研究方法之一，其主要特点在于充分利用二手资料进行分析研究。本研究通过检索中国知网资源总数据库、美国犹他大学图书馆综合数据库、维普中文科技期刊全文数据库、人大复印资料数据库和 EBSCOhost 平台数据库、Blackwell 全文电子期刊数据库等，检索查阅与竞技运动竞争格局、制胜规律以及竞技优势转移规律相关的文献资料；检索与中国竞技体育的现状、存在问题与对策、发展趋势以及发展的价值取向等相关的文献资料；检索与可持续发展理论内涵、竞技体育可持续发展对策相关的文献资料；检索竞技体育后备人才培养的文献资料；查阅国家体育管理机构颁发的体育法规、文件、会议纪要等文献资料。对相关文献资料梳理分类后再进行阅读和分析，注意不同文献之间的相互补充，为本书的研究提供实践和理论依据。同时，本研究还通过互联网收集竞技运动竞争平衡有关数据资料，为本书研究提供背景资料。

（二）系统分析法

系统分析方法是指把要解决的问题作为一个系统，对系统要素进行综合分析，找出解决问题的可行方案。本研究把竞技运动竞争平衡看成一个复杂的系统工程，通过分析系统的目标、系统的要素构成、系统的环境构成、系统的资源分类等，揭示竞技运动竞争平衡的起因，提出发展的策略。

（三）访谈法

根据研究需要，本研究对不同研究领域的专家、学者以及从事竞技体育工作的管理人员进行访谈，从他们那里获得第一手资料。访谈人员构成如表 1-1 所示。

表 1-1 访谈专家构成状况

姓名	学科领域	职称	单位
汪康乐	体育学	教授（博士生导师）	苏州大学
邰崇禧	体育学	教授（博士生导师）	苏州大学
熊焰	体育学	教授（博士生导师）	广州大学
亓圣华	体育学	教授	济南大学
詹姆斯·汉农（James C. Hannon）	体育学	教授（博士生导师）	美国西弗吉尼亚大学
大卫·西蒙斯（ David Symons）	体育学	教授	美国犹他大学
蒂姆太·布鲁索（Timothy Brusseau）	体育学	教授（博士生导师）	美国犹他大学
詹姆斯·格雷夫斯（James Graves）	体育学	教授	美国犹他大学
高赞	体育学	教授（博士生导师）	美国明尼苏达大学
黄超群	体育学	教授	美国韦兰浸会大学
李克林	社会学	教授（博士生导师）	美国犹他大学
张腾	国际关系学	教授	美国犹他大学

注：由于笔者于 2013 年赴美国犹他大学访学 1 年，因此访谈的对象部分来自美国犹他大学及周边高校的体育科研与体育工作者。

（四）描述性研究法

描述性研究法是将已有的现象、规律和理论通过自己的理解和验证，给予叙述并解释出来。本研究主要运用该方法对已有的竞技运动竞争格局变化规律、竞技优势转移规律以及可持续发展的思想等进行一般叙述性的解释并提出自己的观点和看法，最终提出解决问题的策略。

（五）逻辑分析法

逻辑分析法是科学研究中基础性的研究方法。本研究使用比较法分析各竞技项目竞争平衡过程的共同点和差异点，总结出竞争平衡的特征；使用分析与综合的方法将竞技运动竞争系统分解成相对独立的要素，分析各要素之间的因果关系并将各种来源的、分散的、片面的甚至内容各异的因素进行汇集、整理、归纳、提炼，从而形成系统、全面的竞争平衡机制，使对竞技运动竞争平衡的认识从现象深入到本质；最后使用推理方法得出竞技运动竞争平衡的规律。

三、研究思路

本书研究思路如图 1-1 所示。

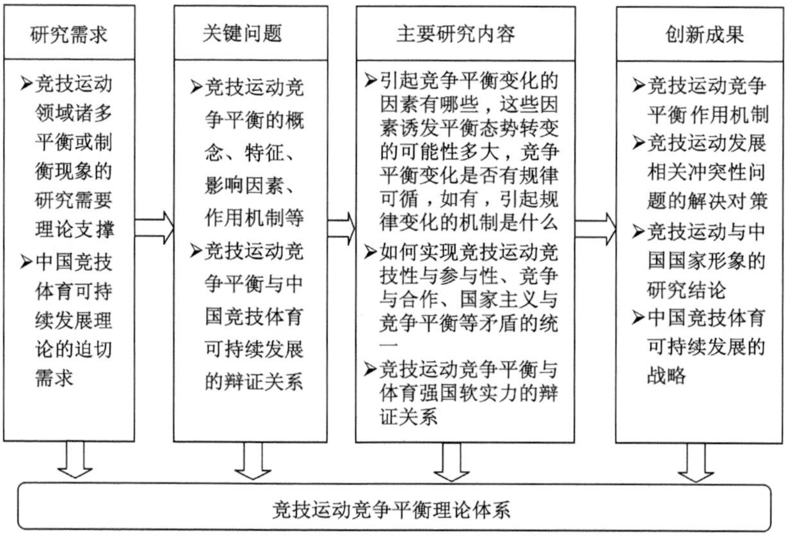

图 1-1　研究思路

第四节　研究创新与结构安排

一、研究创新之处

在总结和归纳国内外已有研究成果的基础上，本研究力求既吸取前人的研究成果，又能够推陈出新，在本论题的研究上有所突破。

第一，本研究力图超越国家主义的范畴，从竞争平衡角度来研究中国竞技体育可持续发展的问题，紧扣时代背景，放眼未来，研究结果符合国家整体发展战略的要求，力争实现研究思维方式的突破。

第二，本研究从科学发展观、奥运会多元化发展理念、系统论以及协同学等主要思想出发，透过“平衡”现象研究竞技运动竞争平衡的内在机制，强调“平衡”的发展理念与多元的价值取向，提出中国竞技体育可持续发展的“发展性”策略与“限制性”策略，在研究内容上尝试有所突破。

二、结构安排

本研究主要由两个主体内容构成，一是将竞争平衡作为竞技运动发展过程中的一种机制，从“概念—现象—机制”的逻辑层次进行分析；一是将竞争平衡作为竞技运动的一种发展理念，就竞技运动发展过程中出现的问题提出发展策略。第一个主体内容主要包含第二章、第三章、第四章以及第五章的内容，第二个主体内容主要包含第六章、第七章以及第八章的内容。其中：

第二章，主要针对本研究中的几个关键概念进行分析界定，对竞技运动与竞技体育概念进行对比分析与择取，辨析与“平衡”相关的概念等。随后就竞技运动竞争平衡的理论依据进行阐述分析。

第三章，首先就竞技运动竞争的类型和表现态势进行划分，然后通过现代奥运会以及足球、乒乓球、网球等竞技项目的竞争格局以及竞技优势转移的现象进行阐述分析，最后归纳这些现象变化的特征。

第四章，在将竞技运动分成市场主导、政府主导以及市场政府共同主导的三种发展形态的基础上，就各发展形态的竞技运动竞争平衡的影响因素进行分析。

第五章，在归纳竞技运动竞争系统要素模块的基础上，分析竞技运动竞争平衡的演化机制、演化过程、平衡调节方式与规律。

第六章，以竞争平衡为发展理念，就竞技运动发展过程出现的重视“夺取优胜”与“参与比夺标重要”思想矛盾、竞争与合作的操作矛盾以及国家主义与全球主义理念矛盾进行辩证分析，并阐述竞争平衡对这些矛盾的协调、消解的机制。

第七章，阐述可持续发展思想的内涵，对当前竞技体育可持续发展的策略进行评析，最后提出中国竞技体育可持续发展的策略。

第八章，基于竞争平衡理论展开实践探索，以足球和网球运动项目为例探讨了竞技运动项目职业联赛与国家竞技运动水平的关系，提出提高这两个运动项目国家竞技水平的联赛策略。

第二章 竞技运动竞争平衡解读

第一节 相关概念的诠释

一、竞技运动和竞技体育的概念

本研究中出现频率非常高且处于核心地位的词汇应该是“竞技运动”。“竞技运动”是本研究的主体，但书中词汇“竞技体育”使用频率也极高，尤其是在文献综述中，且常与“竞技运动”这一词汇通用和混用，这使得本研究需要对这两个词汇进行甄别并合理使用。

周爱光研究认为，“竞技运动”概念是一个不断发展变化的概念，是一个内涵不断增加的多义性概念，其从概念的本质属性研究出发，将“竞技运动”定义为“一种具有规则性、竞争性及挑战性、娱乐性和不确定性的身体（身体性）活动”①。其概念属是身体活动，但因概念的多义性特征造成学术观点的多样化。王学锋在体育概念的研究中认为“竞争是竞技(sport)的本质属性”②。本研究认为，竞技运动是以竞争为主要特征的身体活动，概念偏重运动本身。但就竞技运动的分析离不开围绕“竞争”特征的论述，体育赛事往往成为竞技运动发生和发展的重要载体，因此本研究主要通过体育赛事如奥运会、足球世界杯等载体来分析竞技运动的外在表征和内在机制。

在查阅“竞技体育”定义的过程中，笔者发现有些文献资料将“竞技体育”等同于“竞技运动”使用，或者将“竞技运动”等同于“竞技体育”使用，例如任海(2011)认为竞技运动在我国亦称为竞技体育，在分析竞技运动概念过程中亦将

---

①周爱光:《对竞技运动概念的再认识》,《中国体育科技》1999 年第 6 期,第 6 页。

②王学锋:《体育概念研究中的两种“硬伤”—— 从概念分析到转变思维方式兼与熊斗寅先生商榷》,《体育与科学》2004 年第 6 期,第 42-44 页。

"竞技体育"等同于"竞技运动"进行分析。当然也有学者针对"竞技运动"与"竞技体育"概念进行辨析，其中张泽刚(2005)认为竞技体育包含"社会性层面"和"运动性层面"，"竞技运动"可用来指称后者；从一般用法来看，"竞技体育"与"竞技运动"二者似乎可以通用，但是，严格意义上，应对它们予以区分。本研究认同张泽刚的论证分析，认为"竞技体育"的范畴更加宽泛，更加倾向于学科或者体系，几乎所有有关竞技性的活动和行为都可以归为竞技体育的范畴，比如选材、训练、参赛、竞技体育管理；竞技运动应该更加倾向于运动性层面。因此，本研究中"竞技运动"与"竞技体育"概念的使用是建立在本概念分析基础之上的。

二、平衡及相关概念辨析

（一）对平衡概念的一般解释

平衡是指物体或系统的一种状态，在不同的科学领域，它有不同的含义。一般而言，平衡是指矛盾双方在力量上相抵而保持一种相对静止的状态。但人们对"平衡"概念的认识经历了一个从简单到复杂、从低级到高级的演变过程。

（二）自然科学对平衡概念的认知及演化

在自然科学萌发阶段，古希腊学者阿基米德创立的静力学就涉及了力作用下的平衡原理，如杠杆原理，17 世纪牛顿力学的发展与完善，使得人们对平衡的认识进一步发展，认为平衡不只表现为静止状态，匀速直线运动或绕轴匀速转动的状态都是平衡的表现。由于此阶段的平衡研究对象是机械运动，且平衡与运动是被对立开来的，因此这一阶段形成的平衡概念是一种孤立的、静止的力学平衡观。

18 世纪，随着化学、热力学研究的深入，"动态平衡"这一概念逐渐被提出来，经过范霍夫等科学家的努力创立了动态平衡原理，在这里动态平衡被理解为有限制的运动，而且是和运动不能分开的。第二热力学定律的提出、熵值的使用使平衡的状态可以用数学公式来衡量，经典统计力学对平衡的研究又使平衡概念与概率相关联起来，一系列的研究加深了人们对动态平衡概念的认知。动态平衡是物质系统在不断运动和变化情况下的宏观平衡，动态平衡强调运动的内在性，是宏观的平衡与微观的不平衡的统一；平衡是一个动态的过程，是相对的而不是绝对的，是运动的而不是静止的，是变化的而不是永恒不变的，动态平衡反映的是事物内部总量的变化规律；事物的动态平衡是事物内部自发调节的，是由事物内部的全部个体综合运动所产生的结果。动态平衡原理的研究使人们认知到平衡是一种有限制的运动，是宏观的平衡与微观的不平衡的统一，平衡不仅是多样的而且具有层次性、概率性。基于化学、热力学、统计力学研究而创立的动态平衡观，不仅是对相对静止平衡观的否定，而且是对平衡观念认识的一次质的飞跃。

20世纪，系统论、控制论等综合学科的快速崛起，使人们意识到动态平衡原理应用的局限性。对耗散结构及非平衡态的研究使人们意识到平衡与不平衡截然划分的狭隘性，这迫使人们研究平衡与不平衡之间的辩证关系，非平衡稳定结构引入平衡研究，突破了平衡概念的界限。系统论的创始人贝塔朗菲提出了"流态平衡"(动态平衡)概念，我们可以称之为系统的平衡，即系统(主要是指开放系统)与环境之间通过物质与能量的交换使系统部分保持稳定，系统与环境相适应，对立统一达到和谐的关系。金一虹(1984)认为，这种流态平衡，从狭义的观点上说，是远离平衡的，从发展的自然科学观点来看，又可以说是平衡的—— 一种活的、流动的平衡——系统组分在不断输入输出，结构在不断地建设与破坏，然而系统和环境却保持着和谐的平衡关系。流态平衡对应于复杂、高级的物质结构，是高级形式的平衡，具有较高的质能转换效率和完善的自我保持功能。流态平衡概念的提出超出了相对静止的范畴，流态平衡用协调代替了均衡，用活的流动代替相对静止，把不可逆的进化发展的观点引入平衡概念中，从而改变了平衡是可逆的相对静止、发展在平衡态只是潜在可能的看法。

金一虹(1984)通过对自然科学中的平衡观进行概括和抽象，得出对自然科学有普遍意义的平衡概念，认为平衡概念具有狭义与广义之分：狭义的平衡是指在环境因素保持不变的前提下，体系内相互矛盾的诸因素达到势均力敌，使体系保持相对静止；广义的平衡是指体系内诸因素之间、体系与环境之间瞬息万变的关系不断进行协调、相互适应，使体系总的状态保持稳定。对比狭义平衡与广义平衡的含义可知，广义的平衡态不再是一个点，而是较为广阔的稳定性区域，它包含了进化和发展，而这也正是人们对平衡观认知的发展趋向，因此广义的平衡概念在自然科学中更具有普遍意义。

(三) 哲学对平衡概念的解释

在自然科学中人们对平衡观念的认知是不断发展的，但如果把自然科学的平衡概念推广到一般学科门类当中使用则是错误的。当然，把自然科学中的平衡概念与哲学中的平衡概念混用也是不正确的，哲学上的平衡具有更普遍意义的哲学范畴，哲学范畴不仅包括自然界还包括人类社会和思维领域。

以往的哲学将平衡理解为事物处在量变阶段所显现的面貌，是绝对的、永恒的运动中所表现的暂时的、相对的静止，但随着哲学体系的不断发展，这一认知也在逐步改变，平衡也不再等于量变。马克思、恩格斯在批判资本主义平衡观的基础上，提出了辩证唯物主义的平衡概念，并且不止一次地论述了事物发展的平衡理论。恩格斯说，对辩证的观点来说，这一切对立，正如我们已经看到的，都只是相对的；绝对的静止、无条件的平衡是不存在的。[①] 平衡与运动是统一的，平衡与不平衡也是辩证统一的。马克思主义平衡观认为一切事物的运动都是平衡和不平衡的统一，把平衡与运动紧密联系在一起，科学地揭示了自然和社会的矛盾运动规律，这与以往的平衡观点正好相反。

苏联理论家尼古拉·伊万诺维奇·布哈林提出，“平衡论”极大地推动了马克思主义哲学的发展。“平衡论”是布哈林哲学代表著作《历史唯物主义理论》的核心思想，该思想认为世界上没有绝对静止、绝对平衡发展的东西，即没有绝对静止的平衡，一切平衡都是在绝对的永恒的物质运动过程中存在着相对的静止和平衡。布哈林不仅论述了平衡与运动的关系，还把平衡分为内部平衡和外部平衡两种类型。所谓内部平衡是指事物或体系内部各种要素之间的关系及其矛盾。所谓外部平衡是指事物或体系与外部环境之间的关系及其矛盾。布哈林认为，这两种平衡是互相联系不可分割的，内部平衡影响着外部平衡，外部平衡又影响着内部平衡的变化。

毛泽东在《关于正确处理人民内部矛盾的问题》中指出，“所谓平衡，就是矛盾的暂时的相对的统一”[②]。毛泽东把平衡的含义概括为事物量变状况所显现的面貌。这里的平衡指的是系统内部各要素以及系统与环境之间通过矛盾达到的和谐、统一的关系，它反映的是事物运动状态的一种范畴，是推进事物矛盾运动的一种表现形态，这表明平衡具有整体性——平衡是一个有机组合系统，任何一个子系统平衡都影响到其他子系统及整体系统的存在和发展。而且平衡和运动是不可分的、是辩证统一的，平衡又表现为发展性——所谓平衡即相对平衡，其存在是以不平衡为基础的，事物发展的不平衡性是平衡发展的动力，一切事物的发展是一个从平衡到不平衡再到新的平衡的过程，这是事物发展必须遵循的客观规律。

根据《哲学大辞典》对平衡概念的解释，平衡是揭示事物之间或事物内部各要素之间在运动变化过程中的相互关系或内在机制，它是事物系统结构比例关

①《马克思恩格斯选集》(第三卷)，人民出版社 1972 年版，第 101 页。
②《毛泽东文集》(第七卷)，人民出版社 1999 年版，第 215 页。

系上的协调和适度，即质上的相互统一与量上的相互适应。它也是事物处于相对稳定的状态和内在机制。合乎事物发展规律的平衡，是事物赖以存在的基础，是事物运动发展的根本条件和调节机制。[①] 这里的平衡强调的是事物发展的一种状态或者机制，而协同学和发生认识论都揭示了平衡不仅是运动的状态和形式，而且是运动的机制，它是系统从无序到有序的调节机制。由于事物始终贯穿着矛盾斗争运动，因而平衡是相对的，不平衡是绝对的，在一定条件下，平衡与不平衡会相互转化。

通过查阅诸多哲学论著关于平衡概念的论述，所谓的哲学上的平衡一般概括为矛盾的暂时的相对统一，这一概念的论述在抽象程度和适应范围上远远超过自然科学中的平衡概念。需要指出的是，在东方哲学体系中"平衡"更趋向于"和谐"概念。虽然随着自然科学的不断发展，平衡的概念也从低级形态向高级形态进化，甚至出现了自然科学中具有普遍意义的平衡概念，但是哲学的特殊思维体系，使哲学上的平衡概念不断汲取自然科学中平衡概念的内涵并进行更抽象的概括，已达到更加宽广的应用范畴。

（四）其他学科对平衡概念的解释

均衡，《现代汉语词典》将其释义为"平衡"，在日常生活中，均衡与平衡概念的使用，正如同体育学中"体育"与"运动"概念的使用一样让人眼花缭乱。例如，布哈林的代表作《平衡论》也被翻译成《均衡论》。不同学科中的释义分析表明，均衡与平衡在学科体系中的使用还是有较大差别的。

例如，在经济学中，均衡是一个被广泛运用的概念。均衡一般是指经济体系中变动着的各种力量处于平衡，因而变动的净趋向为零的状态，或者解释为经济事物中有关的变量在一定条件的相互作用下所达到的相对静止的状态。例如在经济学领域常见的"竞争均衡"，其定义是以完全竞争为特征的市场或经济中供给和需求的平衡，经济学中的完全竞争均衡就是纳什均衡。在博弈论中，均衡是一个核心概念，指博弈达到的一种稳定状态，没有一方愿意单独改变战略。在美学中，均衡被理解为布局上的等量不等形的平衡。通过这几个释义分析，均衡一般理解为量的或者质的平等，或者一种稳定的或相对静止的状态，这一释义类似于自然科学中静止的平衡观，比自然科学中一般意义平衡概念的适用范围要局限得多。

谈起均衡，不得不提起"均势"这一国际关系学中经典的概念，本研究在构

---

①冯契：《哲学大辞典》（修订本），上海辞书出版社 2001 年版，第 1097 页。

思初期深受“均势”概念的影响。传统的国际关系以战争与和平为永恒主题，而竞技运动却作为和平年代一种形象化的、仪式化的战争，在竞争形势及态势上与国际关系的竞争形势、态势何其相似？但国际关系中“均势”概念最初是作为限制战争、维护和平的手段与理念提出来的，这一目的与竞技运动不同，竞技运动的本质就是竞争。当前对“均势”概念鲜有疑问的经典解释是“一组国家成员之间的力量分布‘恰好平衡’，使得没有哪一个国家足够强大到能将其意志强加于别国头上”①。而均势的本质是指一种特定的状态：“处于势均力敌状态的任何一方无法承担试图改变已形成的权力平衡状况的代价，或没有能力、没有决心来改变这一状况”②。很显然这一均势概念主要还是对“平衡”一般定义的引申使用。用经济学的术语表示均势，其实就是一种“帕累托最优”状态，这恰恰是本书想把“帕累托最优”引入竞技运动竞争研究当中的主要目的。

三、竞技运动竞争平衡的概念

（一）竞技运动竞争平衡的概念界定

本研究将“竞争平衡”作为一个复合词使用，按照语素与语素之间的关系是一种“陈述式的结构关系”，“竞争”与“平衡”这两个语素分别表示被陈述的事物和对这个事物陈述的意义，因此“竞争平衡”这个复合词偏重“平衡”的意义或性质的解释。

对比分析自然科学与哲学范围“平衡”概念的定义，共同点有二：一是平衡是一个以系统形式存在的主体，平衡具有系统性，因其系统的存在又可有系统内、外平衡之分；二是平衡是不断发展的，具有动态性，平衡不是绝对的平衡，而是相对的平衡。本研究就“平衡”含义的使用充分考虑了自然科学与哲学范围“平衡”定义的共同之处，采用其动态平衡观与系统平衡观对“平衡”释义。首先，它不是孤立的、静止的平衡观念，而是相对的、运动的流态平衡观念。流态的平衡观强调平衡具有发展性，平衡的存在以不平衡为基础，事物发展的不平衡性是平衡发展的动力，它统筹了平衡与不平衡相互转化的过程，其本质是平衡与不平衡的辩证统一。其次，依据马克思主义哲学中的平衡定义，平衡是指系统之间或系统内部各要素之间在运动变化过程中的相互关系，使系统处于稳

①S Fay, "Balance of power," in *International Encyclopedia of the Social Science* (Vol. 11), (New York: Macmillan, 1930), pp. 395-399.

②王义桅：《超越均势：全球治理与大国合作》，上海三联书店 2008 年版，第 4 页。

定的一种状态和机制，不是指"量的平等"。本研究从竞争平衡角度分析竞技运动发展的规律和机制，不是产生"竞争均衡"的结论，而是试图产生一种竞争平衡观，从而使竞技运动这一个大系统维持发展稳定或进化的状态(从无序向有序演化)，从而更好地满足人类对竞技运动的需求。

在体育学领域内，"竞争平衡"的概念常见于职业联赛领域，是基于赛前结果的不确定性、联盟成员共存以及利益最大化的考虑提出的概念。职业联赛"竞争平衡"一般是指体育联赛中各参赛队实力的均衡状态。西蒙·罗滕伯格在《棒球运动员的劳动力市场》一文中揭示出"竞争平衡"的意义及操作方法。很多竞技运动职业联赛在竞赛表演市场需要的环境体系中，为保证比赛结果的不确定性，充分彰显竞技的最大魅力，实现联赛利益的最大化，从各个方面就参赛队伍实力的均衡程度进行外在控制操作，当前职业联赛平衡控制较好的有欧洲冠军联赛、美国职业棒球联赛、美国职业橄榄球联赛、美国男子职业篮球联赛等。这一领域内的平衡是对球队竞技实力均衡的追求，这一理念在一个相对封闭的职业联赛系统中，是可以通过具有更多主动权的管理层的控制来实现的，但在一个全球大范围、完全开放、以国家为参赛单位、缺少具有统治力的上层机构的竞技运动系统中，通过外力控制达到一种均衡状态是相当困难的。如果将均衡作为普遍的意义分析竞技运动竞争平衡问题是并不适合的，竞技职业联赛的竞争平衡的概念并不完全适合本书的研究需要。

因此本研究依据动态平衡观与系统平衡观，又依据系统论、协同论的主要思想，采用一般下定义的方法(种差＋临近属)，从狭义(系统内)与广义(系统外)给竞技运动竞争平衡下定义为：狭义的竞技运动竞争平衡是指，竞技运动竞争系统内相互矛盾的诸要素相互作用、相互联系，使系统处于相对稳定的一种状态或机制；广义的竞技运动竞争平衡是指，竞技运动竞争系统内诸要素之间、系统与环境之间不断协调、相互适应，使系统呈现相对稳定的一种状态或机制。

(二) 竞技运动竞争平衡的内涵

竞技运动竞争平衡综合考虑时空维度上的变化特征，因此从时序上看是一个动态的变化过程，而从系统结构层面分析则是一个系统演进的动态过程。因此，竞技运动竞争平衡的内涵可从以下几个方面来理解。

第一，竞争平衡不是一种静止均衡状态下的力量分配，而是一种无止境的动态过程的竞争。它可以描述竞技运动某一时期的系统态势和结构特征，但动态变化才是其思想核心。垄断、均衡以及垄断与均衡之间过渡的状态均可以成为竞技运动发展的动力，但竞争态势变化对延续性的要求才是竞技运动可持续发展的生命力。

第二，竞技运动竞争平衡不仅仅是对竞技运动外在发展现象的一种描述，更重要的是描述系统演变过程的一种机制。它强调竞争各要素之间的竞争与协同、影响与制约、吸收与排斥等各种关系，重视系统演进的动力和调节方式。

第三，鉴于竞技运动竞争平衡强调的系统观念以及协调机制，竞争平衡又可以理解成竞技运动可持续发展的一种思想或者观念。因强调可持续发展而重视竞技运动系统的生态特征，重视系统中各要素之间的相互依存性和系统的整体性以及稳定性。竞技运动竞争平衡是系统思想的一种体现，强调竞技运动系统的稳定性和有序演化性。

第二节　竞技运动竞争平衡的理论基础

一、科学发展观

（一）科学发展观的内涵

科学发展观是马克思主义发展观，其理论基础是马克思主义唯物辩证法的科学方法论，是马克思主义结合中国国情的具体体现，对中国各项事业的发展具有重要的指导意义。

科学发展观强调全面协调可持续发展，要按照中国特色社会主义事业总体布局，全面推进经济建设、政治建设、文化建设、社会建设，促进现代化建设各个环节、各个方面相协调，促进生产关系与生产力、上层建筑与经济基础相协调。科学发展观同时还强调坚持统筹兼顾，要正确认识和妥善处理中国特色社会主义事业中的重大关系，统筹个人利益和集体利益、局部利益和整体利益、当前利益和长远利益，充分调动各方面积极性。既要总揽全局、统筹规划，又要抓住牵动全局的主要工作、事关群众利益的突出问题，着力推进、重点突破。

（二）科学发展观与竞技体育发展的辩证关系

竞技体育是一种重要的社会文化现象，它与政治、经济、社会等有着密不可分的联系。我国竞技体育的发展一直是伴随着社会的发展而大致同步进行，改革开放以来，中国体育事业发生了历史性的巨变。1984 年，在洛杉矶奥运会上，中国实现了奥运金牌“零”的突破；2000 年悉尼奥运会，中国取得了金牌榜、奖牌榜前三名的历史成绩；2008 年北京奥运会，中国站到了金牌榜的榜首，标志着我国竞技体育已全面登上世界体育舞台。在新时期，科学发展观为中国经济社会的发展提供了理论基础，同样也为中国竞技体育的发展提供理论支持。

1. 科学发展观引领中国竞技体育发展的价值取向

随着现代奥林匹克运动的深入发展及各种国际比赛的频繁开展，竞技体育已渗透到现代社会生活的各个方面，日益成为一种具有极大魅力的社会文化交流和活动形式，并对社会的政治、经济、文化、教育等各个领域产生广泛的影响。在一定意义上，竞技体育是展示一个国家经济、科技、文化发展水平的重要窗口，并在很大程度上反映出一个民族的体质和自强不息的精神面貌。发展竞技体育可以作为提高国民素质、振奋民族精神、展示国家形象、提高国际地位的一种手段，但竞技体育的发展始终要与国家的经济和科学文化发展水平相协调，要符合国家整体的发展战略。

科学发展观的基本原则是保持协调发展，总体要求是统筹兼顾。中国竞技体育的优先崛起、“奥运争光计划”等符合一定时期中国发展的需要，但竞技体育的优先崛起并不是中国竞技体育长期的发展战略，“奥运争光计划”也不能一直成为中国竞技体育的主要社会功能。因为竞技体育的出现与发展是社会发展的需要，它不能独立于社会独自发展，它的发展受社会发展的限制；竞技体育的发展是社会各层面协调发展的结果，它需要统筹各方面的利益需求。竞技体育发展的特征与科学发展观的基本原则和总体要求是相一致的，科学发展观可为竞技体育发展战略或策略的制定提供理论指导。

2. 科学发展观为体育强国建设目标做出解读

实现可持续发展，是科学发展观的重要体现。2008 年“由体育大国向体育强国迈进”目标的提出，为中国体育改革和竞技体育可持续发展提供了下一阶段的发展方向。中国体育界的相关组织机构以及学者展开了“体育强国建设”和中国竞技体育改革的论证与实践，产生了一系列优秀的研究与实践成果。但体育强国建设并不是中国体育发展的终点，科学发展观的重要体现是可持续发展，中国的体育事业必须讲求可持续发展。体育强国只是中国体育发展的一个阶段目标，中国竞技体育在一定阶段需要围绕体育强国建设目标而发展，这是国家社会发展的需求，符合社会发展的规律。建设体育强国需要我们提高竞技体育水平，还要保持项目的均衡发展，更重要的是它需要是可持续的，不能是短暂的。中国竞技体育在发展过程中虽然已经建立了基本符合中国发展需求和发展需要的体制机制，但是从长远来看，还需要不断促进竞技体育价值观念的革新以积极适应全面建设小康社会的新要求。以改革创新精神不断创新竞技体育发展体制，拓宽竞技体育发展渠道，增强竞技体育发展活力，夯实竞技体育发展基础，满足人民群众对竞技体育的多元需求，增强竞技体育可持续发展活力和能力。

3. 科学发展观为制定竞技体育发展战略提供支持

面对我国竞技体育发展过程中遇到的问题，要将战略思维融入发展，使我国的竞技体育发展摆脱传统的发展模式，提高发展的效益。目前中国在个别竞技项目上具有竞技优势垄断特征，但长期的竞技优势垄断无益于该项目在全球范围内的可持续发展，最终会影响中国体育事业的可持续发展。竞技运动竞争平衡强调中国体育强国战略要有全球体育可持续发展的思维和远见，而不仅仅是自身发展的内在需求，还要满足世界体育事业发展的需要，而这正是科学发展观在我国体育事业中的具体实践。用战略的眼光审视中国竞技体育发展中出现的问题，用战略的思维思考中国竞技体育发展中遇到的问题，以战略的方法解决中国竞技体育发展中存在的问题，是对竞技体育全面协调可持续发展的促进，也是落实科学发展观的重要体现。

二、奥林匹克运动发展的理念

（一）奥林匹克运动文化多元化发展的要求

现代奥林匹克运动是人类社会的一件杰作，它将体育运动的多种功能发挥得淋漓尽致，影响力远远超出了体育的范畴，在当代世界的政治、经济、文化、艺术和新闻媒介等诸多领域产生了一系列不容忽视的影响。奥运会作为奥林匹克运动的主要表现形式，从一开始就受到各国的重视，在中国也不例外。

现代奥运会从诞生起就向着国际化、多元化的方向发展。现代奥林匹克运动主要是以古代希腊文化和现代资本主义文化精神为最初文化基础，但随着奥运会地域的不断扩展、参赛主体的不断增加，国际奥委会不仅增加了亚、非、拉美国家和地区的国际奥委会委员，扩大了国际奥委会的范围，在奥运会项目上更是增加了一些非、欧、美地区民族的体育竞赛项目。这一系列的举措限制了某一文化或者某一国家对奥运会文化或项目的垄断，维护着奥运会多元化发展的方向。在奥运会承办城市选择上，国际奥委会也会刻意选拔有条件的亚洲或拉美地区的城市作为奥运会举办地，试图逐步改变奥林匹克运动相对单一的文化结构，在真正意义上实现奥林匹克的文化多元。

国际化与多元化发展理念的实质是希望奥运会各文化要素能够和谐相处，达到一种共荣共赢的理想状态。它主张多元，反对垄断，强调开放，反对闭塞，这本身就是一种平衡的发展理念。北京奥运会提出的三个理念之一“人文奥运”,它的哲学基础是“和谐”,以互补为基础的“和谐”。以“和谐”为核心理念的“人文奥运”,同样体现了奥林匹克运动多元化的平衡理念。

（二）奥运会项目准入制度的规定

奥林匹克运动在过去长时间的发展过程中,就成为奥运会正式比赛项目的条件形成了相对量化的、可操作的准入制度。根据《奥林匹克宪章》的规定,只有至少在4大洲75个国家或地区广泛开展的男子项目,只有至少在3大洲40个国家或地区广泛开展的女子项目,才能成为夏季奥林匹克运动会的比赛项目;只有至少在25个国家或地区和3大洲中广泛开展的运动项目才可列入冬季奥林匹克运动会比赛项目。① 奥运会项目准入的一系列量化指标构成表明,奥运会项目要具备较广泛的地域普及程度以及一定的全球认同基础。这一系列的量化指标充分考虑到竞技项目的参与人口的分布,体现了奥运为人人的奥林匹克理念。

棒球和垒球被从2012年和2016年奥运会中剔除,标志着奥运瘦身计划已经开始实施。事实上,在体育理论界关于奥运比赛项目去留的讨论一直存在,在规模已经不堪重负的夏季奥运会中,那些赛前结果已毫无悬念的项目以及高风险的项目最应该被取消。竞技运动的最大魅力是其竞赛结果的不可预测性,而社会关注又是竞技运动商业运作及职业化存在的重要保障。如果赛前结果已经确定会降低社会的关注度,就会使竞技运动丢掉其本身应有的魅力。另外,金牌过于集中在某一国家,造成该项目竞技优势的垄断很容易让其他国家的选手失去竞技优势并最终放弃该项目的竞争,影响该项目在其他区域的传播与发展,这显然违背了奥运会多元化发展的要求。奥运会设项改革的一个重要方面就是要让奥运项目吸引更多人特别是年轻人的参与,得到更广泛的关注。一个项目如果不能在世界范围内广泛传播、吸引更多人(尤其是职业运动员)参与,显然失去了成为奥运会项目的特征。棒垒球项目自成为奥运会项目后,竞技优势过于集中于中北美地区,其他地区很难与之竞争并取得优势,这造成该项目在其他地区失去了发展的动力和参与竞争的吸引力;反观高尔夫球运动,高度的商业开发、广泛的传播范围、对大量年轻职业选手的吸引、遍布各地的参与人群,终使它成为奥运会正式项目。奥运会项目的设置思想不是体现项目独特的文化特征,而是体现项目能够被广泛传播并吸引广泛人群积极参与的特征。

①任海:《奥林匹克百科全书》,中国大百科全书出版社2008年版,第55页。

审视中国部分具有竞技优势的奥运会项目的现状与特征，不禁产生对其被撤出奥运会的担心。例如乒乓球，日本的《每日新闻》2012 年曾称“中国对于乒乓球的统治力和垄断地位，决定了中国将控制世界乒乓球运动的发展方向；不可否认，中国在乒球技术和体育科学方面都有很多创新，但却摧毁了乒球运动发展的多样性，剥夺了像日本这样同样热爱乒球运动的国家更多参与的可能性”①。针对中国对乒乓球项目垄断的现状——不论是奥运会还是其他世界大赛几乎都变成了“中国锦标赛”的状态，日本、瑞典、丹麦等传统的乒乓球强国逐渐失去了对这个项目发展的信心，2012 年国际奥林匹克委员会就是否在 2020 年奥运会以后撤销乒乓球作为正式比赛项目展开过讨论，可见乒乓球在世界范围的发展存在危机。如果中国对乒乓球运动不做出改变，无疑会加速乒乓球在奥运会上消失的步伐。如果乒乓球退出奥运会，不仅不符合中国体育的利益，也不利于乒乓球运动的可持续发展。

三、系统论

（一）系统论的历史发展及理论内容介绍

系统论是研究系统的一般模式、结构和规律的学问，它研究各种系统的共同特征，用数学方法定量地描述其功能，寻求并确立适用于一切系统的原理、原则和数学模型，是具有逻辑和数学性质的一门科学。系统思想源远流长，但作为一门科学的系统论，人们公认是美籍奥地利人、理论生物学家贝塔朗菲(Bertalanffy)创立的。贝塔朗菲认为一般系统论并不局限于技术方面成为一种数学理论，一般系统论应包含更广泛的内容与研究领域，其中有三个主要的方面：一是关于系统的科学，又称数学系统论；二是系统技术，这是用系统思想和系统方法来研究工程系统、生命系统、经济系统和社会系统等复杂系统；三是系统哲学，它研究一般系统论的科学方法论的性质，并把它上升到哲学方法论的地位。

系统论的核心思想是系统的整体观念。贝塔朗菲强调，任何系统都是一个有机的整体，它不是各个部分的机械组合或简单相加，系统的整体功能是各要素在孤立状态下所没有的性质。他用亚里士多德的“整体大于部分之和”的名言来说明系统的整体性，反对那种认为要素性能好，整体性能一定好，以局部说

①《日媒：中国乒球培养机制残酷　长期垄断摧毁多样性》，http：/news. cntv. cn/20120808/101530. shtm/？ ptag＝vsogou。

明整体的机械论的观点。他同时认为,系统中各要素不是孤立地存在着,每个要素在系统中都处于一定的位置上,起着特定的作用。要素之间相互关联,构成了一个不可分割的整体。要素是整体中的要素,如果将要素从系统整体中割离出来,它将失去要素的作用。系统论的基本思想方法就是把所研究和处理的对象当作一个系统,分析系统的结构和功能,研究系统、要素、环境三者的相互关系和变动的规律性,并优化系统观点。

世界上任何事物都可以看作一个系统,系统是普遍存在的,系统又是多种多样的,可以根据不同的原则和情况来划分系统的类型。例如按状态划分有平衡系统、非平衡系统、近平衡系统、远平衡系统,等等。系统论的任务不仅在于认识系统的特点和规律,还在于利用这些特点和规律去控制、管理、改造或创造这一系统,使它的存在与发展合乎人的目的需要。也就是说,研究系统的目的在于调整系统结构,协调各要素关系,使系统达到优化目标。

(二)系统论与竞技运动竞争平衡的关联

1. 系统论是一种方法论,供给"系统"的思维方式

系统论的出现改变了我们最熟悉的传统的单项因果分析的思维方式,使人类的思维方式发生了深刻的变化。以往研究问题,一般是把事物分解成若干部分,抽象出最简单的因素来,然后再以部分的性质去说明复杂事物。例如研究竞技运动发展的制约因素,我们习惯把制约因素分解成内部因素与外部因素,外部因素又被分解成政治、经济、文化、地缘等子因素,然后逐项进行因果分析,最后总结归纳所有制约因素,做出因果判定,这就是典型的单项因果分析方式。但是它不能如实地说明事物的整体性,不能反映事物之间的联系和相互作用,例如它不能分析内部因素与外部因素之间的联系,以及政治、经济、文化与地缘之间相互的联系等,它只能适合认识较为简单的事物,而不胜任对复杂问题的研究。

系统论反映了现代科学发展的趋势,反映了现代社会化大生产的特点,反映了现代社会生活的复杂性,所以它的理论和方法能够得到广泛的应用。系统论不仅为现代科学的发展提供了理论和方法,而且也为解决现代社会中的政治、经济、军事、科学、文化等方面的各种复杂问题提供了方法论的基础,系统观念正渗透到每个领域。据此,系统论可为研究竞技运动竞争平衡提供一个研究方法及理念,可以把每项竞技运动或者整个竞技体育看成复杂的多要素共同作用的系统,进而分析各种系统现象与作用机制。

2. 动态平衡性规范了竞技运动竞争的“平衡”属性

动态平衡性是系统论的基本特征之一，它是包含平衡与不平衡差异协同的一种状态，经历着从平衡到不平衡、再到新的平衡的交替上升过程。动态平衡性不是简单的周期循环，而是使有序性逐渐增高的前进过程，这一过程可以用现代系统自组织理论加以说明。动态平衡作为一种客观现象，在自然界与人类社会的发展过程当中普遍存在。动态平衡作为一种运动着的状态，它为解释竞技运动竞争态势的变化提供了理论依据。因此以动态平衡态势为命题，从动态平衡态势的视角研究动态平衡与竞技运动发展之间的关系、作用机理及其特征，以及如何维护和推动动态平衡态势的稳定和发展，对于推动竞技体育的可持续发展具有重要的意义。

四、协同论

（一）协同论的历史发展及理论内容

协同论源于现代物理学和非平衡统计物理学，是由德国斯图加特大学物理学教授哈肯(Haken)创立的。1971 年哈肯首次提出协同论的概念，1976 年系统地论述了协同理论，发表了《协同学导论》，还著有《高等协同学》等。协同论是一门研究完全不同的学科中存在的共同本质特征的横断科学，是研究不同事物共同特征及其协同机理的新兴学科，它通过分类、类比，来探讨各种系统和运动现象中从无序到有序转变的共同规律，被广泛地应用于各门学科和社会经济领域的研究。

根据系统论的思想，客观世界存在着各种各样的系统，但这些看起来完全不同的系统却具有相似性。协同论则是在研究系统从旧结构转变为新结构的机理的共同规律上形成和发展的，它是基于“很多子系统的合作受相同原理支配而与子系统特性无关”的原理，研究不同系统其类似性以探求其规律。

协同论的主要思想是：千差万别的系统，尽管其属性不同，但在整个环境中，各个系统间存在着相互影响而又相互合作的关系。其中也包括通常的社会现象，如不同单位间的相互配合与协作，部门间关系的协调，企业间相互竞争的作用以及系统中的相互干扰和制约等。协同论还指出，大量子系统组成的系统，在一定条件下，由于子系统相互作用和协作，这个系统能够在宏观上产生时间结构、空间结构或时空结构，形成一定功能的自组织结构，表现出新的有序状态。应用协同论方法，可以把已经取得的研究成果，类比拓宽于其他学科，为探索未知领域提供有效的手段，还可以用于找出影响系统变化的控制因素，进而发挥系统内子系统间的协同作用。

协同论揭示了系统状态变化的普遍程式:“旧结构—不稳定性—新结构”,即随机“力”和决定性“力”之间的相互作用把系统从它们的旧状态驱动到新组态,并且确定应实现的那个新组态。由于协同论把它的研究领域扩展到许多学科,并且试图对似乎完全不同的学科之间增进“相互了解”和“相互促进”,无疑,协同论就成为软科学研究的重要工具和方法。协同论具有广阔的应用范围,它在物理学、化学、生物学、天文学、经济学、社会学以及管理科学等许多方面都取得了重要的应用成果。

(二) 协同论与竞技运动竞争平衡的联系

首先,依据协同理论,竞技运动可以看作一个复杂的系统,这个系统必定存在着协同作用。这个系统宏观有序的发展需要其子系统间发生协同效应,从无序变为有序,从无序产生一个稳健的结构。与此同时,竞技运动在社会大系统中又是一个子系统,它与社会中其他各系统如政治、经济、文化等互相联系、互相影响、互相发生作用而发展,因此它是一个开放的系统。政治环境的稳定性、经济的繁荣度、科技支持等其他子系统的协同效应,是竞技运动系统得以生存和发展的客观条件。

其次,竞技运动系统具有自组织性。系统在没有外部指令的条件下,其内部子系统之间能够按照某种规则自动形成一定的结构或功能,具有内在性和自生性特点。如果像技术垄断、政治干预、经济影响等子系统因其参量过大而破坏了协同效应,就会产生无序现象,使竞技运动失去了稳健的结构,造成竞技运动的系统状态呈现出不平衡性。

最后,竞技运动系统能够体现伺服原理。系统在接近不稳定点或临界点时,系统的动力学和突现结构通常由少数几个集体参变量决定,而系统其他变量的行为则由这些参变量支配或规定。在竞技运动这个系统当中,起主导作用的参变量就是引起竞技运动竞争平衡态势变化的主导因素。

本章小结

本研究采用的“竞技运动”概念是以竞争为主要特征的身体活动,概念偏重运动本身。竞技运动竞争平衡的定义有狭义与广义之分。狭义的定义是指竞技运动竞争系统内相互矛盾的诸要素达到势均力敌,使系统保持相对稳定的一种过程或存在状态;广义的定义是指竞技运动竞争系统内诸要素之间、系统与环境之间不断协调、相互适应，使系统呈现相对稳定的一种过程或存在状态。

竞技运动竞争平衡研究的理论基础主要来自科学发展观、奥林匹克运动发展的理念、系统论以及协同论。其中，科学发展观提供了竞技运动可持续发展的思想，奥林匹克运动发展的理念显示了现代奥运会要求竞技运动发展多样性与均衡性的方向，系统论则直接给本研究提供了系统的思想和方法论。在系统论、协同论以及耗散结构理论基础上建立起来的系统自组织理论，是本研究竞争平衡机制分析的主要依据。

第三章 竞技运动竞争平衡现象研究

第一节 竞技运动竞争类型和平衡态势的界定

一、竞技运动竞争类型的选取

竞技运动竞争类型因研究者采用参照系的不同可以划分成多种形式，笔者通过梳理相关文献资料发现，目前大部分研究选取的主要有“地理区域大小”、“项目种类数量”、“竞技实力与项目的匹配性”以及“竞技优势分散程度”这四个参照系。依据这四个参照系涉及的竞技运动竞争类型如图 3-1 所示。

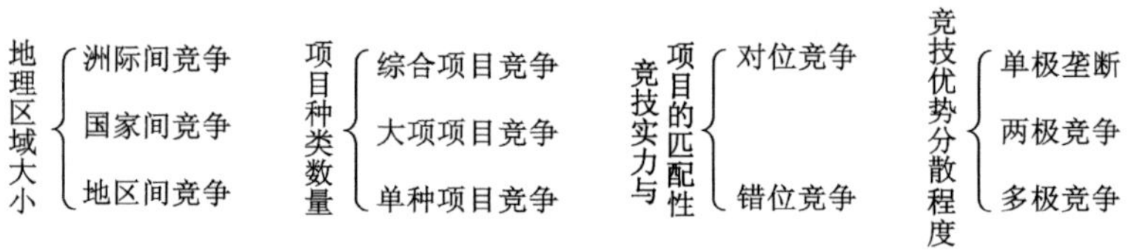

图 3-1 竞技运动竞争类型划分

参照地理区域大小，可以研究竞技运动在洲际间竞争、国家间竞争、地区间竞争的特征等，例如研究各大洲、各国家、各地区之间的竞技实力对比等。参照竞技项目种类的数量，竞争类型可以表现为综合项目竞争、大项项目竞争与单种项目竞争三种类型。例如研究像夏季奥运会这样涵盖大量竞技项目赛事的竞争格局属于综合项目竞争类型，而像分析田径、游泳等大项（含有很多分项项目）的竞技实力的分布属于大项项目竞争类型，而研究的项目只有一种没有分项，如篮球、足球等项目竞技实力的竞争格局属于单种项目竞争的类型。参照竞技实力与竞技项目的匹配性，竞争类型可以划分成对位竞争与错位竞争。例如就俄罗斯与美国田径实力的分析，俄罗斯主要优势在于田赛项目，而美国的优势在于径赛项目，两者竞争的实质是错位竞争。参照竞技优势分散程度，竞争可以表现为单极垄断、两极竞争和多极竞争，它的实质是竞争的结构特征。总之，依据不同的参照系与不同的分类标准，可以划分不同的竞争平衡类型。

由于目前及以后相当长的时间内，国家依旧是国际社会最基本的政治单元，以国家名义举办和参加的比赛倍受参赛国家的重视，竞技运动的竞争很大程度上成为国家层面的竞争，因此国家间竞争这一类型是本研究的一个重点。另外，单种项目之间的竞争是竞争的最小单位，诸多单种项目竞争构成了竞技运动整体发展趋势，分析单种项目之间的竞争更适合分析竞技运动发展的内部态势、机制、规律等，因此单种项目竞争的类型也是本书研究的重点内容。

二、竞技运动竞争平衡态势的划分

本研究借助耗散结构理论中平衡态的定义即系统各处可测的宏观物理性质均匀的状态，参考竞技运动的竞争结构（竞争体系中竞争主体的数量和规模的分布状况）和竞技优势的分散程度，把竞技运动竞争平衡的态势分为平衡态势、失衡态势以及近平衡态势三种类型（图 3-2）。其中，竞技运动呈现多极竞争（不少于三极）结构且竞技优势分布相对均衡的态势称为竞争平衡态势；竞技运动呈现单极垄断结构且竞技优势分布于某一特定地区或国家的态势称为竞争失衡态势；竞技运动竞争态势处于平衡态与非平衡态之间的态势，包括竞争结构呈现两极竞争且竞技优势分布相对均衡与竞争结构呈现三极竞争或一强主导多极竞争但竞技优势分布不均衡的态势，称为竞争近平衡态势。

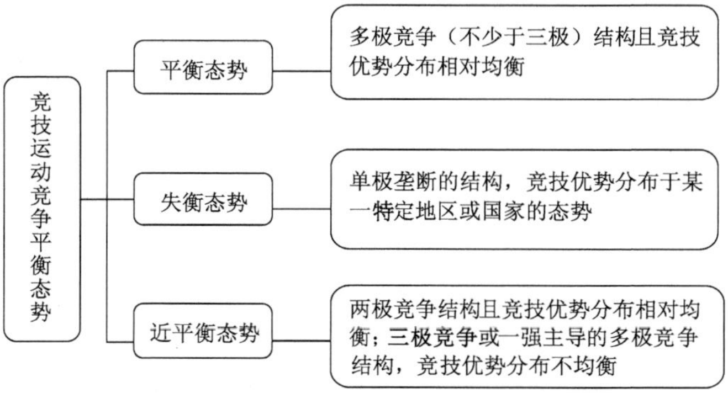

图 3-2　竞技运动竞争平衡态势分类

第二节 竞技运动竞争平衡现象的举例与解析

一、竞技运动竞争平衡的外部表征

竞技运动竞争平衡不论是一种状态、过程或者机制，在其变化演进的过程中，由于系统内部各要素的相互作用或系统自身与外部环境之间的协调与适应，都能够呈现出一系列动态变化的外部现象并被人们所观察到，本研究将这些观察到的现象称为竞技运动竞争平衡的外部表征。竞技运动竞争系统的核心要素是人——竞争主体，竞争系统的演进可由竞争主体所具有的竞争力在时空双重维度上的变化所表现出来。具有竞争力的竞争主体在空间维度上的分布，我们一般称为竞技运动的竞争格局；而具有竞争优势的竞争主体在时间和空间维度上的变化或更替，我们称为竞技运动竞技优势的转移。不论是竞争格局还是竞技优势转移，都是竞技运动竞争系统的重要外部表征，是研究竞争平衡现象的重要内容。

（一）竞争格局

格局一词可指艺术或机械的图案或形状，亦可指事物发展的局势或态势。竞技运动竞争格局可以描述竞技运动竞争主体的竞争力在空间维度上的分布，是对竞技运动竞争结构或竞争局势在空间维度上的表达。这种结构或者态势是竞技运动竞争系统中竞争要素相互作用、相互协调在空间上的表现，它可以用来描述竞技运动竞争系统的平衡态势，而不同时期平衡态势的变化是竞争平衡演化的重要表现，因此竞争格局是竞技运动竞争平衡的一种重要表征，是研究竞技运动竞争平衡演化的重要现象。

（二）竞技优势转移

竞技优势的获得可以是内生的，由竞技项目基础性要素产生，由于不同地区和人群对项目基础要素占有的比例不同造成了竞争优势的差异；竞技优势也是可以外生的，可由外部环境条件赋予，外部环境条件的变化可以造成竞技优势的转移。由于竞技运动的外部环境处于时刻的动态变化中，任何地区和人群对竞技运动竞技优势的获得和保持都是暂时的、有条件的，因此竞技优势具有动态性。在动态的环境下，竞技优势的演化不是线性的，它总是突破原有的系统态势向新的态势演进。竞技优势转移就是最高竞技实力在空间与时间双重维度上动态性变化的描述，是竞技运动竞争系统要素相互作用的结果在时间与空间上的外在表现;它可以直接描述竞技运动竞争系统在一定时期变化的时空特征与平衡态势演替过程,是竞技运动竞争平衡的一种重要表征,亦是研究竞技运动竞争平衡的重要现象。

(三) 对当前竞技运动竞争格局与竞技优势转移外部表征的理解

动态性是竞技运动竞争平衡的一个重要特征,实际上也是竞技运动竞争平衡的一个很重要的理论依据。一定时期内竞争格局或竞技优势分布变化不大或者没有变化并不代表这种态势会稳定下来,而是需要较长的时间来体现。由于竞技运动竞争系统演进的影响因素不同或相同影响因素的作用程度不同,有的项目在一定时间范围内竞争格局变化较快、竞技优势转移较明显,而有的项目竞争格局或竞技优势转移需要较长时间的系统要素作用才能体现出来。因此对当前竞技运动竞争格局与竞技优势转移的特征分析并不是对整个竞技运动竞争平衡演进过程外部表征的描述,只是在一定阶段对竞争平衡外部表征的描述。

对专家就竞技运动竞争平衡的外部表征访谈的结果显示:竞技运动竞争平衡的外部表征是多方面的,并不局限于竞争格局与竞技优势转移,竞争格局与竞技优势转移只是针对竞争主体这一核心要素所呈现出的外部表征的两种形式。例如,就整个竞技运动竞争系统而言,在与外部环境适应上可以表现出稳定与不稳定的系统外部表征,在演进方向上可以表现出向高阶态势的正向演进和向低阶态势的负向演进的外部表征,在系统演进能力上可以表现出可持续性与非可持续的外部表征,依据不同的研究视点可以呈现出不同的外部表征。由于因竞争主体竞争力的差异和变化而表现出竞争格局和竞技优势转移是体育学研究的普遍内容,也是竞技运动竞争系统较明显的外部表征,因此本研究主要选取这两个表征来分析竞技运动竞争平衡演进的现象。

二、竞技运动竞争平衡现象分析

(一) 多种项目竞争平衡现象分析——以夏季奥运会为例

现代奥运会可以看作是由大量围绕单个竞技项目构成的微型或中型的竞技子系统组成的一个大型的、复杂的综合系统。可以就每一个微型或中型的竞技子系统的演进过程进行分析,也可就整个奥运会的综合系统演进过程进行分析。以国家或者大洲为单位研究奥运会整体竞技实力分布或竞争格局的变化,就属于对奥运会这一综合系统演进过程的分析。

本研究以历届夏季奥运会各国所获金牌数值为统计样本进行标准差换算,分析历届夏季奥运会金牌分布的离散程度。如图 3-3 所示,从 1896 年至 2012

年，除1904年、1908年、1980年、1984年外(早期奥运会受交通限制，参赛的国家数量较少且不稳定，竞赛结果不能充分说明奥运会竞争实力的分布，1980年与1984年美国与苏联的相互抵制也使得金牌分布不能体现奥运会竞争实力的分布)，夏季奥运会金牌分布的离散程度在一定范围内呈现了涨落变化，说明奥运会金牌分布的均匀状态呈现了动态的变化性；而从1896年以来，用来代表金牌分布离散程度的标准差围绕着10上下波动，说明奥运金牌的分布并没有出现过度的离散。自1908年后，虽然没有一个国家或者几个国家能够完全垄断奥运会金牌分布，但也呈现了少数国家的金牌数量占到相当高的比例，奥运会整体上呈现了竞争相对充分、一超多强或两超多强的竞争结构以及竞技优势分布相对均衡的一种近平衡态势。

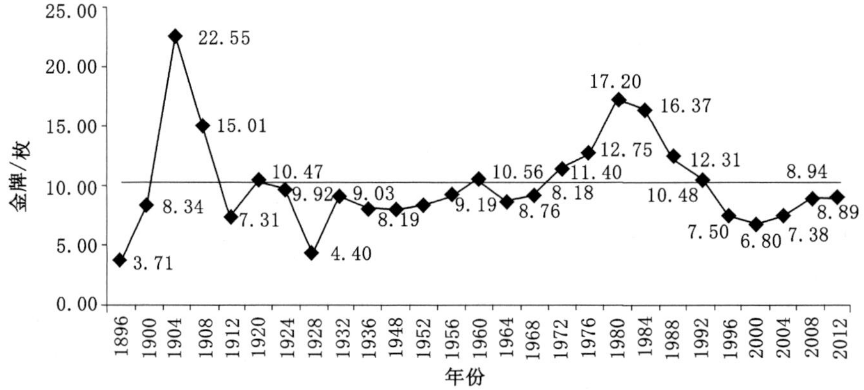

图3-3 1896—2012年夏季奥运会金牌分布离散程度统计图

但在奥运会发展的不同阶段，其竞争结构的构成具有一定的差异性。在第1～14届奥运会期间，是现代夏季奥运会产生和发展的时期，由于现代奥运会是在西方国家发展起来的，比赛的承办地主要集中在欧洲和美洲的国家，奥运会项目主要是西方比较普及或传统的项目，比赛的选手主要来自欧洲国家和北美洲国家，因此这一阶段，美国和西欧国家构成了奥运会竞争格局的主要力量。这一时期奥运会的竞争结构与世界强国的竞争结构相似，奥运会的竞技实力较大程度上反映了国家的综合实力水平。

第二次世界大战后，苏联和东欧国家的崛起改变了奥运会由美国和西欧国家垄断的竞争格局。如表3-1所示，自1952年第15届奥运会，苏联与东欧国家在奥运会团体总分上呈现逐年提高并最终超越美国的趋势。1988年第24届汉城奥运会上苏联和民主德国在金牌与奖牌总数上均超过美国，取得了奥运会金牌榜和奖牌榜第一与第二的席位。在苏联解体后的第25届奥运会上，独联体依然取得金牌、奖牌总数第一的成绩。在第15～24届奥运会期间，奥运会呈现了鲜明的以苏联为首的社会主义阵营和以美国为首的资本主义阵营的竞争格局，相比上一阶段，奥运会的竞技优势向东欧地区扩散，在竞争结构的构成上增加了东欧这一区域。

表3-1 第15～24届奥运会苏联、东欧国家总分占全部得分的比例①

届次	第15届	第16届	第17届	第18届	第19届	第20届	第21届	第24届
比例	27.8%	35.6%	40%	38%	40.6%	46.9%	51.9%	53.1%

自1992年第25届巴塞罗那奥运会以来，中国综合国力的不断提升与大国崛起的要求，帮助中国实现了竞技体育的崛起②，这使国际竞技体育格局发生了明显的改变。如表3-2所示，中国自第25届奥运会上升至第二集团的首位后，在第27届奥运会上升至第一集团并在之后稳居第一集团。在第28届奥运会上中国获得金牌32枚，首次在金牌榜上超过俄罗斯跻身金牌榜前两名；在第29届北京奥运会上，中国以金牌总数第一的成绩首次登顶奥运会金牌榜；在第30届奥运会上，中国以金牌和奖牌总数第二的成绩位居第二。随着中国竞技体育的崛起，澳大利亚、日本、韩国等"西太平洋组合"国家的竞技实力也明显提升，而俄罗斯与德国的竞技实力呈现相对下滑的态势，奥运会的竞技优势进一步均衡化。2005年，田麦久将这一世界竞争格局的变化称为"雅典重组"，其含义是：第一，中国明确地进入第一集团；第二，"西太平洋组合"崛起，并向"北大西洋组合"的世纪垄断提出挑战；第三，竞技优势的均衡化缓慢但稳定地推进。③

夏季奥运会的竞争格局由最初的西欧国家与美国竞争格局发展至苏联及东欧国家与美国及西欧国家竞争格局，再到现在的"西太平洋组合""北大西洋组合"竞争的格局，竞技优势分布也呈现了动态变化的过程。第一集团国家金牌数和奖牌数的差距逐渐减小，奥运会竞争态势整体呈现了一超多强或二超多

---

①张人民：《苏联、东欧体育演变及对奥运力量对比的影响》，《中国体育科技》1993年第2期，第14-19页。

②舒盛芳：《大国体育崛起及其启示：兼谈中国体育"优先崛起"的战略价值》，《体育科学》2008年第1期，第76-81页。

③田麦久：《国际竞技体育格局的"雅典重组"与中国竞技体育的科学发展》，《成都体育学院学报》2005年第2期，第1-6、16页。

强的近平衡态势，并逐渐向多极竞争的平衡态势演进，因此可以说夏季奥运会的发展整体上呈现了动态平衡的发展特征。

表 3-2 第 25～30 届奥运会奖牌榜、金牌榜前 8 名

集团	名次	第 25 届		第 26 届		第 27 届		第 28 届		第 29 届		第 30 届	
		金牌	奖牌	金牌	奖牌	金牌	奖牌	金牌	奖牌	金牌	奖牌	金牌	奖牌
第一集团	1	独联体	独联体	美国	美国	美国	美国	美国	美国	中国	美国	美国	美国
	2	美国	美国	俄罗斯	德国	俄罗斯	俄罗斯	中国	俄罗斯	美国	中国	中国	中国
	3	德国	德国	德国	俄罗斯	中国	中国	俄罗斯	中国	俄罗斯	俄罗斯	英国	俄罗斯
第二集团	4	中国	中国	中国	中国	澳大利亚	澳大利亚	澳大利亚	澳大利亚	英国	英国	俄罗斯	英国
	5	古巴	古巴	法国	澳大利亚	德国	德国	日本	德国	德国	澳大利亚	韩国	德国
	6	西班牙	匈牙利	意大利	法国	法国	法国	德国	日本	澳大利亚	德国	德国	日本
	7	韩国	韩国	澳大利亚	意大利	意大利	意大利	法国	法国	韩国	法国	法国	澳大利亚
	8	匈牙利	澳大利亚	古巴	韩国	荷兰	古巴	意大利	意大利	日本	韩国	意大利	法国

通过对夏季奥运会不同阶段竞争结构和平衡态势与世界整体竞争格局（经济体系与政治体系）的分析来看，夏季奥运会的竞争结构和平衡态势的变化轨迹与世界整体竞争格局的变化轨迹具有一定的拟合度。雷桂成（2002）曾就夏季奥运会奖牌分布与各国综合国力的关系进行拟合分析，认为奥运会金牌榜在一定程度上反映了综合国力的强弱，综合国力是取得奥运会奖牌的基础。因此可以说，夏季奥运会竞争结构以及由此形成的平衡态势是各项竞技运动与政治、经济、文化等要素相互作用、相互协调的结果；夏季奥运会竞争态势的演进是奥运会系统不断与外界环境协调、适应以维持奥运会系统呈现相对稳定状态的一种平衡机制。

奥运会系统在与外界环境协调适应的同时，其内部各要素之间也不断地进行着协调与作用，例如通过新项目的进入和部分原有项目的淘汰以维持项目设置总量的稳定。而奥运会设赛项目竞技实力在地域分布上的变化呈现了“均衡—失衡—危机—均衡”的过程①，因此为了维持奥运会系统的稳定性，奥运会

①陈丹：《夏季奥运会设赛项目竞技实力国际分布状态平衡度判别及发展对策设计》，《浙江体育科学》2011 年第 4 期，第 33-36、59 页。

系统内部总是处于互相作用、协调的过程。

综上所述，夏季奥运会竞争格局外部表征的变化是奥运会竞争平衡机制的外部表现；夏季奥运会平衡态势的演进是奥运会系统内部要素之间以及奥运会系统与外部环境之间相互协调、相互适应的结果，是竞技运动竞争平衡机制的一种重要体现。

（二）单种竞技项目的竞争平衡现象——以男子足球为例

足球项目于 1900 年入选巴黎奥运会，这是足球运动第一次世界性的比赛。20 世纪初职业足球开始风靡欧洲大陆，在 1908 年和 1912 年的奥运会上，以职业足球运动员组成的英格兰足球队连夺两次冠军后，国际足联开始对职业足球运动员参加奥运会进行了一些限制。1984 年国际足联做出了欧洲和南美洲参加过世界杯决赛的球员不得参加奥运会足球赛的决定；1988 年国际足联在此基础上又做了如下规定：奥运会足球运动员年龄限制在 23 岁以下，每队允许有 3 名超龄球员。奥运会对职业足球运动员及运动员年龄的限制，使得大量优秀足球运动员并不能参与到奥运会的足球比赛当中，不能充分体现各国家和地区的竞技实力。自 1930 年第 1 届足球世界杯开始，优秀职业运动员的参赛以及广泛足球强国的参与，使足球世界杯成为最能体现国家最高竞技水平的国际比赛。足球世界杯的成绩分布能够反映世界足球竞技实力的分布。本部分以国际足联世界杯各国家足球队的成绩来反映足球运动竞争格局的变化，进而阐述竞争平衡的特征。

综合考虑地理条件、国家足协所属与洲际联赛环境、文化环境、政治及意识形态，本研究将足球竞技运动区域划分为 6 个区域，具体如表 3-3 所示。

表 3-3　足球竞技运动区域划分一览表

编号	区域	主要国家和地区
A	西欧区	英国（苏格兰、英格兰、威尔士）、法国、联邦德国（第 15 届及之后的德国）、瑞典、瑞士、挪威、芬兰、荷兰、西班牙、葡萄牙、意大利、比利时、丹麦、爱尔兰、奥地利、土耳其（脱亚入欧）等
B	南美区	巴西、阿根廷、哥伦比亚、秘鲁、玻利维亚、巴拉圭、乌拉圭、智利、厄瓜多尔等
C	东欧及苏联区	第 15～19 届苏联解体后的俄罗斯等国，第 1～14 届的苏联、南斯拉夫联邦（第 16 届南联盟）及解体后的克罗地亚等国，第 6～14 届的民主德国、波兰、匈牙利、保加利亚、罗马尼亚、捷克斯洛伐克（1993 年分解为捷克、斯洛伐克）等

表 3-3(续)

编号	区域	主要国家和地区
D	中北美及加勒比地区	美国、墨西哥、古巴、海地、哥斯达黎加、洪都拉斯等
E	亚洲及大洋洲区	韩国、日本、伊朗、朝鲜,第 15 届之前的以色列、沙特阿拉伯、巴林、伊拉克、科威特、澳大利亚(2005 年后)等
F	非洲区	加纳、埃及、塞内加尔、尼日利亚、摩洛哥、阿尔及利亚、喀麦隆、突尼斯、南非等

一般来讲,金牌数或者冠军数反映了该国家或该地区在该项目上顶级优秀选手的数量,而获得前 3(或前 4)、前 8 甚至前 16 名名次的次数则反映了该国家或该地区的整体竞技实力。因此本研究统计第 1～19 届世界杯 16 强国家。对第 1～4 名分别赋值 18、17、16、15,第 5～8 名分别赋值 13、12、11、10,第 9～16 名分别赋值 8、7、6、4、3、2、1,从而分析足球运动整体实力竞争格局的演变过程。通过统计第 1～19 届足球世界杯 16 强赋值(表 3-4)、第 1～19 届足球世界杯 4 强各竞技区国家数量分布(表 3-5)和第 1～19 届足球世界杯 16 强各竞技区所获总分(表 3-6),分析世界足球的竞争结构以及态势的演变过程。

表 3-4～表 3-6 显示:虽然当前世界男子足球的竞技优势主要集中于欧洲与南美洲地区,但在足球运动的发展过程中呈现出动态变化的过程。例如,在第 8 届世界杯之前,以巴西、乌拉圭等国家为代表的南美区,以联邦德国、意大利为代表的西欧区与以匈牙利、南斯拉夫及捷克斯洛伐克为代表的东欧及苏联地区竞争实力相对均衡,世界杯呈现了三极竞争的平衡态势;自第 8 届世界杯后,西欧区所获总分明显高于其他地区,且随着东欧剧变及苏联解体,该区自第 15 届世界杯后整体竞技实力下滑较快,逐渐失去竞争优势,南美区的竞技优势一直相对稳定,世界男子足球在竞技区域范围内演变成为两极竞争的近平衡态势。但随着以加纳、尼日利亚为代表的非洲区和以日本、韩国为代表的亚洲区的整体竞技实力稳步发展,世界男子足球的竞技优势逐渐扩展到亚洲与非洲地区,世界足球竞技优势分布的范围更加宽广。从整体上来看,虽然东欧区的竞技实力下降,但非洲区和亚洲区的竞技实力得到提升,世界男子足球呈现了竞技优势相对均衡的特征。

表 3-4 第 1～19 届足球世界杯 16 强赋值统计表

赋值	届数																		
	第 19 届	第 18 届	第 17 届	第 16 届	第 15 届	第 14 届	第 13 届	第 12 届	第 11 届	第 10 届	第 9 届	第 8 届	第 7 届	第 6 届	第 5 届	第 4 届	第 3 届	第 2 届	第 1 届
18	西班牙★	意大利★	巴西◆	法国★	巴西◆	联邦德国★	阿根廷◆	意大利★	阿根廷◆	联邦德国★	巴西◆	英格兰★	巴西◆	巴西◆	联邦德国★	乌拉圭◆	意大利★	意大利★	乌拉圭◆
17	荷兰★	法国★	德国★	巴西◆	意大利★	阿根廷◆	联邦德国★	联邦德国★	荷兰★	荷兰★	意大利★	联邦德国★	捷克斯洛伐克●	瑞典★	匈牙利●	巴西◆	匈牙利●	捷克斯洛伐克●	阿根廷◆
16	德国★	德国★	土耳其★	克罗地亚●	瑞典★	意大利★	法国★	波兰●	巴西◆	波兰●	联邦德国★	葡萄牙★	智利◆	法国★	奥地利★	瑞典★	巴西◆	德国★	美国○
15	乌拉圭◆	葡萄牙★	韩国▲	荷兰★	保加利亚●	英格兰★	比利时★	法国★	意大利★	巴西◆	乌拉圭◆	苏联●	南斯拉夫●	联邦德国★	乌拉圭◆	西班牙★	瑞典★	奥地利★	南斯拉夫●
13	阿根廷◆	巴西◆	西班牙★	意大利★	德国★	南斯拉夫●	巴西◆	巴西◆	波兰●	瑞典★	苏联●	阿根廷◆	匈牙利●	威尔士★	瑞士★	南斯拉夫●	捷克斯洛伐克●	西班牙★	智利◆
12	巴西◆	阿根廷◆	英格兰★	阿根廷◆	罗马尼亚●	捷克斯洛伐克●	墨西哥○	英格兰★	联邦德国★	民主德国●	墨西哥○	匈牙利●	苏联●	苏联●	巴西◆	瑞士★	瑞士★	匈牙利●	巴西◆
11	巴拉圭◆	英格兰★	塞内加尔☆	德国★	荷兰★	喀麦隆☆	西班牙★	苏联●	奥利地	南斯拉夫●	秘鲁◆	乌拉圭◆	联邦德国★	北爱尔兰★	英格兰	意大利★	古巴○	瑞士★	罗马尼亚●
10	加纳☆	乌克兰●	美国★	丹麦★	西班牙★	爱尔兰★	英格兰★	奥地利★	秘鲁◆	阿根廷◆	英格兰★	朝鲜▲	英格兰★	南斯拉夫●	南斯拉夫●	英格兰★	法国★	瑞典★	巴拉圭◆

表 3-4(续)

赋值	届数																		
	第 19 届	第 18 届	第 17 届	第 16 届	第 15 届	第 14 届	第 13 届	第 12 届	第 11 届	第 10 届	第 9 届	第 8 届	第 7 届	第 6 届	第 5 届	第 4 届	第 3 届	第 2 届	第 1 届
8	日本▲	西班牙★	日本▲	英格兰★	尼日利亚☆	巴西◆	丹麦★	北爱尔兰★	突尼斯☆	苏格兰★	瑞典★	意大利★	意大利★	巴拉圭◆	法国★	智利◆	罗马尼亚●	阿根廷◆	法国★
7	智利◆	瑞士★	丹麦★	南斯拉夫联盟●	阿根廷◆	西班牙★	苏联●	比利时★	西班牙★	意大利★	罗马尼亚●	西班牙★	阿根廷◆	捷克斯洛伐克●	土耳其★	美国○	德国★	法国★	秘鲁◆
6	葡萄牙★	荷兰★	墨西哥○	罗马尼亚●	比利时★	比利时★	摩洛哥☆	阿根廷◆	苏格兰★	智利◆	比利时★	巴西◆	墨西哥○	匈牙利●	意大利★	巴拉圭◆	波兰●	荷兰★	比利时★
5	美国○	厄瓜多尔◆	爱尔兰★	尼日利亚☆	沙特▲	罗马尼亚●	意大利★	西班牙★	法国★	保加利亚●	以色列▲	墨西哥○	西班牙★	英格兰★	比利时★	玻利维亚◆	挪威★	罗马尼亚●	玻利维亚◆
4	英格兰★	加纳☆	瑞典★	墨西哥○	墨西哥○	哥斯达黎加◆	巴拉圭◆	阿尔及利亚☆	瑞典★	乌拉圭◆	保加利亚●	法国★	乌拉圭◆	阿根廷◆	墨西哥○	墨西哥○	比利时★	埃及☆	墨西哥○
3	墨西哥○	瑞典★	比利时★	巴拉圭◆	美国○	哥伦比亚◆	波兰●	匈牙利●	伊朗▲	澳大利亚▲	摩洛哥☆	智利◆	哥伦比亚◆	苏格兰★	捷克斯洛伐克●		荷兰★	巴西◆	
2	韩国▲	墨西哥○	意大利★	挪威★	瑞士★	荷兰★	保加利亚●	苏格兰★	匈牙利●	海地○	捷克斯洛伐克●	保加利亚●	保加利亚●	奥地利★	苏格兰★		荷属安德列斯○	比利时★	
1	斯洛伐克●	澳大利亚▲	巴拉圭◆	智利◆	爱尔兰★	乌拉圭◆	乌拉圭◆	南斯拉夫●	墨西哥○	扎伊尔☆	萨尔瓦多○	瑞士★	瑞士★	墨西哥○	韩国▲			美国○	

注:① 各区域标注:西欧区(★)、南美区(◆)、东欧及苏联区(●)、亚洲及大洋洲区(▲)、非洲区(☆)、中北美及加勒比地区(○)。

② 捷克斯洛伐克 1993 年分解为捷克与斯洛伐克。

③ 德国 1949 年分解成联邦德国与民主德国,1990 年合并统一。

④ 东欧及苏联区(●):苏联、波兰、民主德国、捷克斯洛伐克、匈牙利、罗马尼亚、保加利亚、阿尔巴尼亚、南斯拉夫。

表 3-5　第 1～19 届足球世界杯 4 强各竞技区国家数量分布

届数	地区					
	西欧区	南美区	东欧及苏联区	中北美及加勒比地区	亚洲及大洋洲区	非洲区
第 1 届		2	1	1		
第 2 届	3		1			
第 3 届	2	1	1			
第 4 届	2	2				
第 5 届	2	1	1			
第 6 届	3	1				
第 7 届		2	2			
第 8 届	3		1			
第 9 届	2	2				
第 10 届	2	1	1			
第 11 届	2	2				
第 12 届	3		1			
第 13 届	3	1				
第 14 届	3	1				
第 15 届	2	1	1			
第 16 届	2	1	1			
第 17 届	2	1				
第 18 届	4					
第 19 届	3	1				

注:表中的空白部分为“0”。表 3-6 同。

表 3-6　第 1～19 届足球世界杯 16 强各竞技区所获总分

届数	地区					
	西欧区	南美区	东欧及苏联区	中北美及加勒比地区	亚洲及大洋洲区	非洲区
第 1 届	20	87	26	20		
第 2 届	79	11	34	1		4
第 3 届	64	16	44	13		
第 4 届	64	59	13	11		
第 5 届	81	27	30	4	1	
第 6 届	74	30	34	1		

表 3-6(续)

届数	地　区					
	西欧区	南美区	东欧及苏联区	中北美及加勒比地区	亚洲及大洋洲区	非洲区
第 7 届	35	48	59	6		
第 8 届	71	33	29	5	10	
第 9 届	57	44	26	13	5	3
第 10 届	63	35	44	2	3	1
第 11 届	78	44	15	1	3	8
第 12 届	92	19	31			4
第 13 届	82	36	12	12		6
第 14 届	74	29	30			15
第 15 届	76	25	27	4	5	8
第 16 届	77	42	22	34		5
第 17 届	79	19		16	23	11
第 18 届	101	30	10	2	1	4
第 19 届	61	58	1	8	10	10

第 1～19 届足球世界杯竞争格局的动态变化显示，世界男子足球竞争平衡态势演进呈现由三极竞争平衡态势向两极竞争近平衡态势演进但竞技优势向亚非地区扩散的趋势。在男子足球竞争平衡态势演进的过程中，政治、经济、文化这三大要素的影响尤为突出：西欧与南美竞技区域悠久的足球文化使这两个区域一直保持着较高的足球竞技水平；苏联与东欧社会主义国家的诞生与分解是足球世界三极竞争平衡态势产生与改变的重要力量；而亚洲经济的崛起(以日、韩为代表)使得世界足球竞技优势向亚洲尤其是东亚地区扩散。世界男子足球竞争格局的演进与世界整体竞争格局的演进有着密切的联系，足球竞争系统的平衡态势体现了系统与外部环境相互作用、协调的过程。

为了维持足球竞争系统的稳定性，国际足球联合会(FIFA)也做出了诸多维持系统平衡的改革措施，如改革世界杯决赛阶段参赛席位的分配等。表 3-7 显示了第 15～19 届世界杯各赛区名额分配的变化，比较明显的改变是欧洲区分配的名额减少而亚洲区与中北美及加勒比地区的名额增加。世界杯各赛区名额分配的调整是世界足球整体发展的要求，体现了足球系统内部各要素相互作用、相互协调的机制。

综上所述，世界男子足球竞争格局外部表征的变化是足球竞争平衡机制的外部表现；世界男子足球平衡态势的演进是男子足球系统内部要素之间以及男子足球系统与外部环境之间相互协调、相互适应的结果，是竞技运动竞争平衡机制的一种重要体现。

表 3-7 第 15～19 届世界杯各赛区名额分配表

赛区	第 19 届	第 18 届	第 17 届	第 16 届	第 15 届
欧洲区	13	13	13＋1	13.5＋1	14＋1
南美区	4.5＋1	4.5	4.5	4.5	4＋1
亚洲区	4.5	4.5	4.5	2.5＋2	3.5
中北美及加勒比地区	3.5	3.5	3.5	3	3
非洲区	5	5＋1	5	5	5
大洋洲区	0.5	0.5	0.5	0.5	0.5
合计	32	32	32	32	32

注：＋1、＋2 代表本届世界杯东道主或者上届世界杯冠军得主所获的决赛圈名额。

数据来源：国际足球联合会官网（www.fifa.com）。

（三）单种竞技项目的竞争平衡现象——以乒乓球运动为例

本研究以世界乒乓球锦标赛举办的年份为时间统计单位，统计 1926—2013 年世界乒乓球锦标赛、乒乓球世界杯与奥运会三大乒乓球赛事的冠军分布，其中在上下两届世界乒乓球锦标赛之间举办的乒乓球世界杯或者奥运会的冠军计入下一届世界乒乓球锦标赛举办年份所在的统计单位中，1 个混双冠军分别以 0.5 个冠军归属到男子、女子项目中。以统计单位内国家所获冠军数量占总冠军数量的百分比例的变化趋势表示乒乓球竞技优势的转移轨迹，进而分析乒乓球竞争平衡演进的过程特征。相关数据如表 3-8～表 3-10 所示。

表 3-8 1926—2013 年主要乒乓球强国三大赛事冠军比例 单位：%

年份	匈牙利	捷克斯洛伐克	美国	英国	罗马尼亚	日本	中国	瑞典	苏联	韩国	朝鲜	德国
1926 年	100											
1928 年	75											
1929 年	66.7			16.7								16.7
1930 年	100											

表 3-8(续)

年份	匈牙利	捷克斯洛伐克	美国	英国	罗马尼亚	日本	中国	瑞典	苏联	韩国	朝鲜	德国
1931年	100											
1932年	83.4											
1933年	100											
1934年	71.4	14.3										14.3
1935年	71.4	28.6										
1936年		57.1	28.6									
1937年		28.6	42.9	14.3								
1938年	21.4	42.9		7.1								
1939年	7.1	42.9		21.4								28.6
1947年	35.7	42.9		14.3								
1948年	7.1	28.6	7.1	42.9								
1949年	50	7.1	7.1	21.4								
1950年	28.6	7.1		28.6	28.6							
1951年		35.7		28.6	35.7							
1952年	21.4				21.4	57.1						
1953年	42.9			14.3	42.9							
1954年	7.1			14.3	14.3	42.9						
1955年	14.3	14.3			42.9	28.6						
1956年			14.3		28.6	57.1						
1957年	7.1	21.4				71.4						
1959年						85.7	14.3					
1961年					14.3	42.9	42.9					
1963年						57.1	42.9					
1965年						28.6	71.4					
1967年						85.7		14.3				
1969年						57.1		14.3	28.6			

表 3-8(续)

年份	匈牙利	捷克斯洛伐克	美国	英国	罗马尼亚	日本	中国	瑞典	苏联	韩国	朝鲜	德国
1971 年	14.3					14.3	57.1		14.3			
1973 年					7.1	7.1	42.9	28.6		14.3		
1975 年	28.6				7.1	7.1	28.6		14.3		14.3	
1977 年						14.3	50				21.4	
1979 年	14.3					14.3	57.1					
1981 年	11.1						88.9					
1983 年							77.8					
1985 年							88.9	11.1				
1987 年							88.9					
1989 年							61.5	7.1		23.1		7.7
1991 年							46.2	46.2			7.7	
1993 年							61.5	11.1		15.4		
1995 年							76.9					
1997 年							85.7					
1999 年							72.7	9.1				9.1
2001 年							93.3					
2003 年							81.8					9.1
2005 年							86.7			6.7		6.7
2007 年							100					
2009 年							88.2					
2011 年							100					
2013 年							88.2					

注:表中空白部分为“0”。由于四舍五入的原因,有些行的加总和会出现 100.1%和 99.9%的情况。表 3-9 和表 3-10 同。

表 3-9　1926—2013 年男子乒乓球三大赛事冠军归属

单位：%

年份	匈牙利	奥地利	德国	捷克斯洛伐克	美国	英国	罗马尼亚	日本	中国	瑞典	韩国	南斯拉夫	克罗地亚	新加坡	法国	波兰	白俄罗斯
1926 年	100																
1928 年	71.4	28.6															
1929 年	71.4					28.6											
1930 年	100																
1931 年	100																
1932 年	71.4			28.6													
1933 年	100																
1934 年	100																
1935 年	100																
1936 年		28.6		42.9	28.6												
1937 年				14.3	57.1	28.6											
1938 年	42.9			28.6	28.6												
1939 年	14.3			42.9		42.9											
1947 年	14.3			85.7													
1948 年				57.1	14.3	28.6											
1949 年	28.6			28.6		28.6											
1950 年	42.9			28.6		28.6											

表 3-9(续)

年份	匈牙利	奥地利	德国	捷克斯洛伐克	美国	英国	罗马尼亚	日本	中国	瑞典	韩国	南斯拉夫	克罗地亚	新加坡	法国	波兰	白俄罗斯
1951 年				71.4		28.6											
1952 年	42.9							57.1									
1953 年						28.6											
1954 年				14.3				57.1				14.3					
1955 年	14.3			28.6				57.1									
1956 年					14.3			85.7									
1957 年				28.6				71.4									
1959 年								71.4	28.6								
1961 年								42.9	57.1								
1963 年								85.7	14.3								
1965 年								85.7	14.3								
1967 年								71.4		28.6							
1969 年								71.4		28.6							
1971 年	28.6								42.9	28.6							
1973 年									42.9	57.1							
1975 年	57.1								28.6								
1977 年								28.6	57.1						14.3		

表 3-9(续)

年份	匈牙利	奥地利	德国	捷克斯洛伐克	美国	英国	罗马尼亚	日本	中国	瑞典	韩国	南斯拉夫	克罗地亚	新加坡	法国	波兰	白俄罗斯
1979 年	28.6							28.6	14.3			28.6					
1981 年	18.2								81.8								
1983 年									63.6	18.2		18.2					
1985 年									81.8	18.2							
1987 年									100								
1989 年			13.3						26.7	26.7	20					13.3	
1991 年									20	80							
1993 年									46.7	26.7			13.3		13.3		
1995 年									73.3		13.3				13.3		
1997 年									73.3	13.3			13.3				
1999 年			18.2						45.5	18.2							18.2
2001 年									86.7								13.2
2003 年		18.2	18.2						63.6								
2005 年			13.3						73.3		13.3						
2007 年									100								
2009 年									88.2								11.8
2011 年									100								
2013 年									82.4								

表 3-10　1926—2013 年女子乒乓球三大赛事冠军归属　　单位：%

年份	匈牙利	奥地利	德国	捷克斯洛伐克	美国	英国	罗马尼亚	日本	中国	瑞典	苏联	韩国	朝鲜
1926 年	100												
1928 年	80	20											
1929 年	60		40										
1930 年	100												
1931 年	100												
1932 年	100												
1933 年	100												
1934 年	42.9		28.6	28.6									
1935 年	42.9			57.1									
1936 年				71.4	28.6								
1937 年				60	40								
1938 年		28.6		57.1		14.3							
1939 年			57.1	42.9									
1947 年	57.1	14.3				28.6							
1948 年	28.6				14.3	57.1							
1949 年	57.1				28.6	14.3							
1950 年	14.3					28.6	57.1						
1951 年						28.6	71.4						
1952 年	42.9							57.1					
1953 年	14.3						85.7						
1954 年	14.3					28.6	28.6	28.6					
1955 年	14.3						71.4						
1956 年					14.3		57.1	28.6					
1957 年	14.3			14.3				71.4					
1959 年								100					
1961 年							28.6	42.9	28.6				
1963 年								100					
1965 年								42.9	57.1				
1967 年								100					
1969 年								42.9			57.1		
1971 年								28.6	71.4				

表 3-10(续)

年份	匈牙利	奥地利	德国	捷克斯洛伐克	美国	英国	罗马尼亚	日本	中国	瑞典	苏联	韩国	朝鲜
1973 年							14.3	14.3	42.9			28.6	
1975 年							14.3	14.3	28.6		14.3		28.6
1977 年									42.9				42.9
1979 年									100				
1981 年									100				
1983 年									100				
1985 年									100				
1987 年									71.4			28.6	
1989 年									72.7			27.3	
1991 年									81.8				18.2
1993 年									81.8			18.2	
1995 年									81.8				
1997 年									100				
1999 年									100				
2001 年									100				
2003 年									100				
2005 年									100				
2007 年									100				
2009 年									88.2				
2011 年									100				
2013 年									93.3				6.7

按照乒乓球竞技优势所在地理区域，把乒乓球竞技优势转移划分为 3 个阶段 9 个时期，具体划分如表 3-11 所示。①

第一阶段(1926—1951 年)：欧洲垄断阶段。

这一阶段是乒乓球在欧洲起源与快速发展的阶段，主要参赛国和举办国均为欧洲国家，除美国外鲜有其他国家参加，乒乓球的竞技优势主要被掌握在欧洲地区。

①张秋芬、杨改生：《世界乒乓球运动优势转移规律研究》，《武汉体育学院学报》2010 年第 3 期，第 82-86 页。

表 3-11 乒乓球竞技优势转移区域划分表

阶段	时期	时间	核心区域
欧洲垄断阶段	匈牙利垄断时期	1926—1935 年	匈牙利
	欧洲多极竞争时期	1936—1951 年	匈牙利、捷克斯洛伐克、英国
日本崛起、全盛与中国崛起阶段	日本崛起与欧洲竞争时期	1952—1956 年	日本、罗马尼亚
	日本全盛时期	1957—1960 年	日本
	日中竞争时期	1961—1966 年	日本、中国
中国全面发展与垄断阶段	欧洲复兴与亚欧竞争时期	1967—1979 年	中国、日本、匈牙利、瑞典
	中国强盛时期	1981—1987 年	中国
	瑞典与中国错位竞争时期	1988—1993 年	中国、瑞典、韩国
	中国垄断时期	1994 年至今	中国

① 匈牙利垄断时期(1926—1935 年)。这期间匈牙利具有绝对的乒乓球竞技优势。1926—1935 年(第 1～9 届世乒赛),匈牙利获得了 55 枚金牌中的46.5 枚(0.5 枚表示该枚金牌由 2 个国家共同获得),占到了总金牌数的 84.5%,远远超出其他国家如英国、奥地利等,因此这一阶段定义为匈牙利垄断阶段。

② 欧洲多极竞争时期(1936—1951 年)。自第 10～18 届世乒赛捷克斯洛伐克的崛起,世乒赛形成捷克斯洛伐克、匈牙利、英国、美国等多极竞争的格局,其中捷克斯洛伐克、匈牙利、英国共获得 63 枚金牌中的 45.5 枚,占总金牌数的 72.2%,其中捷克斯洛伐克 21.5 枚、英国 12.5 枚、匈牙利 11.5 枚,这一时期捷克斯洛伐克具有相对的竞技优势。

第二阶段(1952—1966 年):日本崛起、全盛与中国崛起阶段。

1952 年,在印度孟买举办的第 19 届世乒赛是亚洲国家首次承办乒乓球世界锦标赛。日本异军突起夺去 7 枚金牌中的 4 枚,乒乓球竞技优势从欧洲转移到亚洲,欧洲逐渐失去竞技优势。

① 日本崛起与欧洲竞争时期(1952—1956 年)。新技术和新科技的使用帮助日本乒乓球迅速崛起,1952—1961 年期间(第 19～26 届世乒赛)日本共获得了 56 枚金牌中的 27 枚,占到总金牌数的 48.2%,日本具有较明显的竞技优势。在这期间,老牌乒乓球强国如匈牙利、捷克斯洛伐克以及英国逐渐没落,欧洲的代表国家是罗马尼亚。自 1950 年罗马尼亚迅速崛起至 1956 年,罗马尼亚成为日本的主要竞争对手,这期间罗马尼亚获得了 49 枚金牌中的 15 枚,全部来自女子项目(5 个女团冠军、6 个女单冠军、2.5 个女双冠军、1.5 个混双冠军),据

此可以说明，这一时期女子乒乓球的竞技优势主要集中在罗马尼亚。自1956年之后，罗马尼亚的女子项目的竞技优势逐渐转移至日本。

② 日本全盛时期（1957—1960年）。这期间欧洲乒乓球竞技优势持续减弱，而中国乒乓球的崛起还没有对日本构成威胁，在第24～25届世乒赛中日本获得14枚金牌中的11枚，捷克斯洛伐克获得1.5枚，中国1枚，匈牙利0.5枚，日本乒乓球呈现了一家独大的局面，日本掌控着世界乒乓球的竞技优势。

③ 日中对抗时期（1961—1966年）。1961—1966年（第26～28届世界乒乓球竞标赛）的金牌几乎全部由中国和日本获得。这期间的21枚金牌，中国获得了11枚，日本获得9枚，还有1枚女双金牌被罗马尼亚获得，其中中国的金牌主要来自男子项目，日本的金牌主要集中于女子项目，因此这一阶段男子乒乓球竞技优势已经由日本转移至中国，日本继续保持女子乒乓球竞技优势。

第三阶段（1967年至今）：中国全面发展与垄断阶段。

① 欧洲复兴与亚欧竞争时期（1967—1979年）。1967—1970年这期间的两届世乒赛中，中国没有获得金牌，日本获得了14枚金牌中的10枚，竞技优势又重新回到日本。欧洲乒乓球进入复兴时期，瑞典和苏联分别获得2枚金牌，打破了亚洲的垄断。

1971年中国乒乓球优势回归，日本竞技优势退落，韩国、朝鲜突起，欧洲继续发展，老牌乒乓球强国匈牙利、罗马尼亚等复兴，世界乒坛形成亚欧对抗的局面。从1971年至1979年（第31～35届世乒赛），亚洲获得了35枚金牌中的24枚（其中中国16.5枚，日本4枚，朝鲜2.5枚、韩国1枚），欧洲获得了11枚（其中瑞典3枚，匈牙利4枚，罗马尼亚、南斯拉夫、法国以及苏联各1枚），这期间中国具有较明显的竞技优势。

② 中国强盛时期（1980—1987年）。这期间日本全面没落，没有获得金牌，中国获得了36枚世界金牌中的31枚，占到了总数的86.1%，其中将世乒赛男团、女团、男双、女双全部收入囊中，中国具有绝对的竞技实力。

③ 瑞典与中国错位竞争时期（1988—1993年）。1988年，乒乓球首次成为奥运会项目。在这届奥运会上，中国与韩国各获2枚奥运金牌。与此同时，瑞典男子乒乓球迅速崛起，这期间瑞典获得的10个世界金牌全部来自男子项目（包括第40～42届世乒赛男团冠军、连续2届世乒赛男单冠军，1个世乒赛男双冠军，1个乒乓球世界杯男团冠军，2个世界杯男单冠军以及最重要的1个1992年奥运会男单冠军），占男子项目总数的44.4%。中国获得7个男子项目金牌，占男子项目总数的31.1%；在女子项目上中国则获得了13个冠军（包括2个世

乒赛女团冠军，2 个世乒赛女单冠军，3 个世乒赛女双冠军，2 个世乒赛混双冠军，2 个奥运会女单冠军，1 个奥运会女双冠军，2 个世界杯女团冠军)，占女子项目总数的 78.8％。这一时期瑞典相对掌握着世界乒乓球男子项目的竞技优势，中国则牢牢控制着女子竞技项目的竞技优势，形成了中国与欧洲国家错位竞争的格局。

④ 中国垄断阶段(1994 年至今)。1994 年中国获得第 3 届乒乓球世界杯男团冠军后，乒乓球男子项目竞技优势逐渐转移到中国，虽然韩国此后获得了 1995 年第 4 届乒乓球世界杯男团冠军和 1996 年奥运会男单冠军，但中国获得了除 2000 年第 45 届之外的所有世乒赛男团冠军以及 1995 年第 4 届之外的所有乒乓球世界杯男团冠军。在女子乒乓球方面，中国几乎垄断了此后世乒赛、世界杯和奥运会所有的冠军(仅俄罗斯获得 2005 年世界杯女团冠军，新加坡获得 2009 年世乒赛女团冠军，朝鲜获得 2013 年世乒赛混双冠军)。这一时期中国垄断了世界乒乓球男女项目的所有竞技优势，形成一家独大的竞争格局。

对比乒乓球男子项目与女子项目冠军归属(表 3-9，表 3-10)，男子乒乓球竞技优势阶段划分与女子乒乓球竞技优势阶段划分均可划分成三个阶段，但在竞争平衡特征上具有一定差异性。

在第一阶段的欧洲三极竞争时期，捷克斯洛伐克女子乒乓球在初期相比男子乒乓球竞技优势较稳定，但持续时间较短，1939 年之后就失去竞技优势，而男子乒乓球直到 1957 年仍有一定优势表现。在第二阶段日本崛起时期，日本男子乒乓球竞技优势获取速度快、优势强且较稳定，而在日中竞争时期男子竞技优势虽然较稳定但女子项目更具垄断性。在中国全面发展与垄断阶段的欧洲复兴与亚欧竞争时期，中国男子乒乓球竞争结构由中国、日本、匈牙利、捷克斯洛伐克、南斯拉夫等构成，呈现多元化的结构特征，相对女子乒乓球竞技优势不是很明显。中国女子乒乓球从第二个时期开始基本上已经确立了垄断的优势，而中国男子项目却又遇到了瑞典强有力的挑战。整体来讲，在第三个阶段，中国男子项目虽然具有较明显的竞技优势，但却没有中国女子项目表现出明显的垄断性，男子项目相对女子项目竞争相对平衡。

世界乒乓球运动竞争平衡现象总结：世界乒乓球运动呈现出多种竞争态势变化的过程，1926—1935 年，世界乒乓球形成了匈牙利垄断的失衡态势；1936—1951 年，这一时期在欧洲形成了匈牙利、捷克斯洛伐克、英国、美国等多极竞争结构、竞技优势分布相对均衡的竞争平衡态势；1952—1956 年，日本崛起时期主要形成了以日本、罗马尼亚、匈牙利、捷克斯洛伐克等多极竞争平衡态势；随着乒乓球竞技优势逐渐转移至日本，在日本全盛时期形成了以日本垄断为主要竞争结构的失衡态势，直到中国乒乓球的崛起改变了这一垄断的失衡态势，在1961—1966 年日中对抗时期，形成了以日中两极竞争结构、竞技优势分布相对均衡的近平衡态势；在 1967—1979 年欧洲乒乓球复兴的这一时期，形成了以中国为主导的亚欧两极竞争的近平衡态势；随着日本乒乓球竞技优势的衰落，中国逐渐获得垄断性的竞技优势，世界乒乓球形成了失衡的竞争态势。整体来说，世界乒乓球竞争出现了由垄断至均衡再到垄断的变化过程，这一特征符合动态平衡发展的过程特征。

乒乓球竞技优势转移的过程分析显示，竞技优势的转移与竞争平衡态势的变化离不开乒乓球竞争系统内部要素之间以及系统与外部环境之间相互作用、相互协调。乒乓球竞技优势转移至日本一方面离不开乒乓球运动由欧洲向外的扩散传播，另一方面也与日本 20 世纪五六十年代经济快速崛起和政治上的诉求不无关系。新中国第一个世界冠军出自乒乓球项目，这项运动振奋了国人；而"乒乓外交"等体育政治事件在当时的政治环境下极大地促进了乒乓球在中国的普及和提高。政治环境为中国乒乓球竞技优势的获得与维持起到了重要的作用。

(四) 单种竞技项目的竞争平衡现象——以男子网球为例

网球职业联赛自 1877 年温布尔顿网球锦标赛诞生以来，逐渐主导了现代网球运动的发展。虽然像戴维斯杯、奥运会等比赛也很重要，但一方面很多优秀球员为了职业联赛的赛程安排可以放弃参与这些比赛；另一方面像戴维斯杯和奥运会等赛事的频率较低、间隔时间较长，相比著名的职业赛事不能充分反映网球运动的竞争格局。因此，本研究主要通过网球职业联赛的竞争格局和竞争态势来分析该项运动的竞争结构以及竞争态势，并以男子职业网球联赛(ATP)为例分析网球运动竞争平衡的现象。

ATP 自 1972 年成立，现已发展成为世界上影响力最大的、最权威的男子网球职业联赛。1973 年 ATP 采取了世界积分排名体系，该体系统计的积分不仅来自所有 ATP 赛事，而且也来自国际网球联合会(ITF)所管辖的 4 个大满贯赛事，形成了目前对男子网球排名最权威、最全面的统计资料。

本研究对 1973—2013 年(1981 年资料缺失)年终排名前 8 球员的国籍属性进行分析。如表 3-12 所示，1973—2013 年的统计数据当中进入世界年终前 8 的球员共有 320 人次，分布于 23 个国家。其中美国球员获得前 8 名次数、最多为 108 人次，占到总人次的 33.75%；自 ATP 从 1973 年实行世界排名体系开始，除2012年与2013年外，在其余年份里世界前8名都有美国球员的身影。如果对世界年终前8名分别赋值8、7、6、5、4、3、2、1分，计算各国家所获的赋值总分，美国的赋值分数为513分，远超过其他国家。通过对1973—2013年世界男子排名第一人员的国家归属统计，美国球员共占据了21次，占到了总人次的50%以上。统计结果显示，在2000年之前美国男子网球一直在世界上占据主要竞争优势，世界男子网球形成了美国主导多极竞争的近平衡态势；进入2000年之后，世界男子网球则形成了西班牙、瑞士、塞尔维亚以及英国等多极竞争的平衡态势。

表3-12　1973—2013年ATP年终世界排名前8与世界第1的人次数据统计

国家	世界前8		世界第1		赋值总分
	人次	比重/%	人次	比重/%	
美国	108	33.75	21	52.5	513
西班牙	36	11.25	3	7.5	153
瑞典	32	10.00	5	12.5	157
阿根廷	19	5.94	0	0	77
德国	17	5.31	0	0	79
瑞士	15	4.69	5	12.5	84
澳大利亚	14	4.38	2	5	56
俄罗斯	14	4.38	0	0	68
法国	13	4.06	0	0	29
英国	9	2.81	0	0	37
塞尔维亚	7	2.19	2	5	47
捷克	6	1.88	0	0	12
克罗地亚	6	1.88	0	0	25
荷兰	3	0.94	0	0	10
罗马尼亚	3	0.94	1	2.5	22
墨西哥	3	0.94	0	0	6
厄瓜多尔	3	0.94	0	0	8
奥地利	3	0.94	0	0	13
智利	3	0.94	0	0	11
巴西	3	0.94	1	2.5	19

表 3-12(续)

国家	世界前 8		世界第 1		赋值总分
	人次	比重/%	人次	比重/%	
意大利	1	0.31	0	0	2
乌克兰	1	0.31	0	0	3
斯洛伐克	1	0.31	0	0	1
合计	320	100	40	0	1432

数据来源:ATP 中文官方网站(http://cn.atpworldtour.com/)。

世界男子网球自 1973 年以来竞争平衡态势的变化也是网球竞争系统内部要素之间以及系统与外部环境之间相互作用、协调的结果。不同于乒乓球赛事,ATP 排名依据的赛事全部为职业赛事,职业化和市场化是这些赛事的主要特征。当前市场经济在全球经济体系中的普及和主导地位对网球这类市场化运营的职业赛事产生重要影响,不仅影响网球赛事奖金的设置、运营模式等,还将赛事传播到世界各地;网球职业赛事也在全球经济一体化环境中不断进化以适应这个赖以生存的大环境。与此同时,作为赛事主要管理组织的国际网球联合会、男子职业网球协会、国际女子网球协会等也为职业网球适应世界经济发展的趋势以及赛事发展的均衡性等不断做出协调措施,例如在亚洲、非洲、南美洲等地区增加职业巡回赛的站数等,以维持网球竞争系统的稳定性。

本章小结

竞技运动竞争类型是多种多样的,可以根据不同的原则和竞争情况来划分类型。本研究主要依据涵盖竞技项目范围,就综合项目与单种项目的竞争类型,分别以夏季奥运会与足球运动的竞争格局演变过程分析了其平衡现象;以乒乓球与网球运动的竞技优势转移特征描述竞技运动竞争态势的演变过程。

就夏季奥运会的竞争格局演变过程来看,在第二次世界大战之前的 10 届奥运会里主要形成了美国与西欧两极竞争的近平衡态势;随着苏联和东欧国家的崛起,自第 15 届奥运会,奥运会整体竞技优势逐渐向苏联与东欧地区迁移,逐渐形成了苏联与美国两极竞争的近平衡态势;随着中国竞技体育的崛起,奥运会逐渐形成三极竞争但仍以美国为主导的竞争近平衡态势。

就足球这一单种竞技运动项目而言，从足球竞技区域整体竞技实力来看，男子足球在第17届世界杯之前主要形成了西欧区、南美区、东欧及苏联区的三极竞争结构，区域整体竞技实力以西欧区最高；自东欧剧变及苏联解体后，世界男子足球则呈现了西欧区与南美区两极竞争结构、竞技优势相对均衡的近平衡态势，与此同时非洲与亚洲的竞技实力正逐渐提升。

世界乒乓球竞技运动的竞争态势则呈现出多种态势变化的过程。1926—1935年，世界乒乓球形成了匈牙利垄断的失衡态势。1936—1951年，在欧洲形成了匈牙利、捷克斯洛伐克、英国、美国等多极竞争结构、竞技优势分布相对均衡的竞争平衡态势。1952—1956年，日本乒乓球运动崛起，主要形成了日本、罗马尼亚、匈牙利、捷克斯洛伐克等多极竞争平衡态势。随着乒乓球竞技优势逐渐转移至日本，在日本全盛时期形成了以日本垄断为主要竞争结构的失衡态势，直到中国乒乓球的崛起才改变了这一垄断的失衡态势。1961—1966年，形成了日中两极竞争结构、竞技优势分布相对均衡的近平衡态势。1967—1979年，欧洲乒乓球复兴，形成了以中国为主导的亚欧两极竞争的近平衡态势。随着日本乒乓球竞技优势的衰落，中国逐渐获得垄断性的竞技优势，世界乒乓球形成了非平衡的竞争态势。世界乒乓球竞争平衡态势变化符合动态平衡发展特征。

就网球竞技运动而言，在2000年之前美国男子网球一直在世界上占据主要竞争优势，世界男子网球形成以美国主导的多极竞争的近平衡态势。进入2000年之后，世界男子网球则形成了西班牙、瑞士、塞尔维亚以及英国等多极竞争的平衡态势。

夏季奥运会、男子足球、乒乓球以及男子网球的竞争结构或竞技优势转移的特征显示，其竞争平衡态势的变化均是竞争系统内部要素之间以及系统与外部环境之间相互作用、协调的结果。

第四章 竞技运动竞争平衡影响因素分析

第一节 竞技运动发展形态分类

一、竞技运动的形态分类

（一）竞技运动形态差异的原因

形态一般指事物在一定条件下表现的形式，同一个事物在不同的条件作用下可以呈现不同的形式，形态与施加条件有着紧密的联系。谢琼桓(2011)提到世界竞技体育的形态有三种：一是奥林匹克运动，二是商业、职业性比赛，三是大众化的比赛。这是依据竞技运动核心价值的不同来分类的，实际上竞技运动是人类一种高级的社会实践活动，它的发展和分类是社会不断发展和社会结构分化的结果，尤其是社会分化导致的社会分层、组织分化、利益分化和观念分化等导致了竞技运动的组织模式与价值取向的分化。

社会分层、利益分化以及观念分化等造成了竞技运动在不同实践主体操作下的功能定位不同，进而导致实践主体对竞技运动的价值取向具有差异性。例如，有以满足国家主体需求为核心的价值取向，亦有以满足社会公众主体需求为核心的价值取向；有侧重追求竞技运动政治功能的价值取向，亦有侧重追求竞技运动经济功能的价值取向；持不同价值取向的实践主体在主导竞技运动发展时会造成竞技运动组织和运营模式的不同。另外，不同的竞技项目在竞技特征以及价值属性上具有差异性，具有相同或相似竞技特征和价值属性的竞技运动对一定的组织和运营模式具有较高的契合度，更容易在这种组织和运营模式下发展，于是就形成了竞技运动不同的发展形态。

（二）竞技运动发展形态的分类

竞技运动的发展形态是借助“社会发展形态”的概念来说明竞技运动在不同发展模式条件下的表现形式。由于不同发展形态的竞技运动其主导发展的主体属性不同,其在组织管理过程也具有差异性,因此将竞技运动分成不同的发展形态分析竞争平衡的影响因素更具有操作性。

就竞技运动发展形态判定的标准,本研究在对多位体育学与社会学专家访谈的基础上结合诸多的文献资料,归纳了四个标准:竞技优势所在地区的组织管理模式、竞技运动组织发展趋势、项目组织发展的经费来源以及价值取向。竞技运动的组织管理模式决定了竞技运动实践主体的归属,组织发展趋势决定当前与今后的发展形态,而经费来源则充分体现了资源调配的特征和方式,价值取向影响到竞技运动的发展目标和发展方式。依据这四个标准,本研究将竞技运动分成三种发展形态:第一种是市场主导的发展形态,这些竞技运动项目的运营以市场为主导,以社会机构为组织管理主体,以职业体育为重要表现特征,如足球、高尔夫球、网球等;第二种是政府主导的发展形态,这些竞技项目市场化水平低,以国家行政机构为组织管理主体,由国家财政提供全部或主要发展经费,如举重、摔跤、竞技体操等;第三种是市场与政府共同主导的发展形态,如游泳、田径等。

不同项目的竞技特征与价值属性不同,再加上现代奥运会广泛的世界影响力以及经济发展的全球化、政治发展的不平衡,导致了当前世界上存在着多种竞技运动发展形态。

二、竞技运动不同发展形态的本质与特征分析

通过对访谈专家就不同发展形态的竞技项目例举与特征描述的归纳,不同发展形态的竞技运动在主导发展的本质与形态特征上具有差异性,而形态特征主要表现为系统特征、运行特征以及竞赛特征三个方面,具体分析如下。

(一)市场主导竞技运动发展的本质与形态特征分析

1. 市场主导竞技运动发展的本质

市场是经济活动中的重要因素,市场存在的基础是存在需要,没有需要便没有市场。当期望利用市场作为基础手段来发展竞技运动时,该竞技运动的特征必须符合市场的需求特征,否则市场便不能充分发挥作用。市场是商品经济的载体和现实表现,是商品经济的特有现象,它与商品的经济价值紧密相连,市场很难对没有经济价值的商品起作用。竞技运动可以通过竞技的表演属性满足人们的需要而自身产生经济价值,也可以通过其文化属性为其他主体带来经济价值。市场主导竞技运动发展的本质就是市场充分利用竞技运动的经济价值来实现竞技资源调配的过程。

2. 市场主导竞技运动发展的形态特征

（1）系统特征

开放性是市场的基本特征，因此呈现市场主导发展形态的竞技运动亦具有开放性。首先，市场主导竞技运动的本质是通过其经济价值来实现竞技资源调配的过程，而经济价值的实现需要通过交换来获得，交换的过程本身就是开放的过程。其次，市场主导发展的竞技运动迎合了市场主体的利益需求，为获取最多的经济利润它希望参与主体多样化和数量最大化，因此它主张开放性以吸引更多的参与体。最后，市场自由竞争的原则与竞技运动公平竞争的表现属性相符，这也是其开放性的表现。

（2）运行特征

市场主导竞技运动发展必然依据市场的规律，因此其运行特征主要表现为市场化的运营特征。首先，市场主导发展竞技运动遵循商品经济的价值规律，优胜劣汰是其主要特征；其次，市场主导意味着对竞技运动经济价值的追求，失去经济价值则市场主导会变得没有活力；最后，竞技运动的市场化意味着政府对竞技运动管制的放松，否则便不能充分发挥市场的作用。

（3）项目特征

由于不同国家、地区政治与经济的差异，相同的竞技项目可能会产生不同的主导发展模式，为避免分类的混乱，本研究主要以具有竞技优势的国家或地区普遍采用的主导发展模式为分类依据。

竞技运动竞技特征的差异造成了社会需求和经济价值的差异性，而市场则是通过需要的多少和经济价值的大小来调配资源，因此需求人群多、经济价值高的竞技项目更容易利用市场主导的方式发展。当前对竞技运动社会需求多少的判断主要依据上座率、收视率等指标，而经济价值则主要由其经济收益和发展前景来判断。本研究依据这些指标选择高尔夫球、网球、足球、橄榄球等影响力大、市场化运营成熟、经济收益高的项目进行特征归纳。

第一，这些竞技项目的群众基础大、分布区域广，尤其是竞技优势集中于经济发达地区的竞技项目的市场化水平往往更高。

第二，这些项目对抗激烈，具有较强的视觉刺激性。不说篮球、足球、橄榄球、拳击比赛中直接身体对抗的残酷，网球、高尔夫球比赛长达 5 小时的对抗也堪称激烈。

第三，这些项目的竞赛频率高、联赛周期长。这些项目赛事数量多，全年连续不断，高数量、高频率的竞赛特征增加了媒体的曝光率，产生的经济价值高，也更容易吸引市场的注意力。虽然像田径、游泳等项目对抗很激烈，但是因比赛频率小和竞赛周期短，产生的经济价值较低，市场化水平也相对较弱。

第四，这些项目大部分来源于西方国家，发展于资本主义市场经济环境，发展历史较悠久，竞赛规则成熟、统一。

（二）政府主导竞技运动发展的本质与形态特征分析

1. 政府主导竞技运动发展的本质

人对客观世界的认识体现为对客观事物的属性、本质及运动规律的认识和对人类的生存与发展的意义的认识这两种类型，而对生存与发展意义的认识就属于价值论。人类社会的运动、变化、发展的驱动力基本上来自对一定利益或价值的追求，价值关系是一切社会关系的核心内容。人类主体之间所建立的社会关系多种多样，但最根本的关系是利益关系，政府与发展竞技运动之间的关系也是利益关系的一种。多数的访谈专家也认为：政府主导竞技运动发展体现了主导主体对竞技运动一定价值或利益的追求，政府主导竞技运动发展最本质的价值追求是满足国家和人民利益的需要。

马克思主义哲学价值观认为价值有其客观基础，是各种物质的、精神的现象所固有的属性，这种属性对于个人、阶级和社会具有一定的积极意义，即能满足人们的某种需要，成为人们的兴趣、目的所追求的对象。就客体属性满足主体的不同需要而言，价值可分为物质的、经济的、科学的、道德的、美学的、法律的、政治的、文化的和历史的价值，等等。

竞技运动是一种开放性的文化现象，是融合多种价值属性的客观存在，具有多方位的价值体现。依据马克思主义的哲学价值观，竞技运动的价值虽然不单纯是客体属性的反映，但它却是对客体属性的一种评价和应用，离开了对竞技运动的价值追求，竞技运动的价值就失去了客观基础和源泉。因此，不论是对竞技运动何种价值的追求或对竞技运动何种价值的应用，都是竞技运动价值客体属性的反映，在一定历史时期都具有合理性。人们对客观事物价值的追求受一定社会历史条件的制约，因此对客观事物价值的追求总会带有相应时代的历史特征，特别是在阶级社会中，人们的价值标准或价值规范受其阶级地位的规定或影响。因此，利用马克思主义哲学价值观分析、评价国家或社会对竞技运动价值的追求不能离开当时的历史条件。

综上分析，本研究认为政府主导竞技运动的发展主要体现了主导主体面向公共利益对竞技运动经济、政治、文化价值的追求。由于政府主导发展形态的竞技运动项目往往市场化水平较低，能够带来的经济利益较少，因此对竞技运动政治、文化等价值的追求成为主要目的。而一些刚刚民族独立的国家或意识形态有别于外部环境的国家需要在世界上立足和被认同，它们对竞技运动政治价值的追求意愿尤为强烈。确实，借助竞技运动的文化属性和组织模式也更容易使得这些国家在国际上展示国家形象并快速获得国际认同，政府主导竞技运动发展追求其政治价值，在一定历史时期有其合理性。

对竞技运动政治价值的追求，并不代表放弃对其他价值的追求。首先，如果把经济描述成价值资源比例的“配置”，那么政治就是关于价值资源的“配置规则”，而文化则是关于价值资源的“配置规则之规则”。其次，政治事物是一种特殊的经济事物，文化事物是一种特殊的政治事物；经济是对于生产要素运行的“位移控制”，政治是对于生产要素运行的“速度控制”，文化是对于生产要素运行的“加速度控制”①。最后，政治是经济可持续发展的外部保障，而文化则是政治和经济可持续发展的动力。从经济、政治、文化三者之间的关系我们就可以清晰地看出，国家对竞技运动政治价值的追求实质上是对竞技运动多重价值追求的需求。

2. 政府主导竞技运动发展的形态特征

（1）系统特征

政府主导发展形态的系统特征主要是从其开放性或封闭性特征来描述的，相对于市场主导发展形态的开放性，政府主导竞技运动发展的系统特征则表现出相对的封闭性。市场主导竞技运动发展迎合了市场主体的利益需求，为获取最多的经济利润它希望参与主体多样化，因此主张开放性以吸引更多的参与体。而政府主导发展的竞技运动主要价值取向是通过“竞争”途径来获取主导方的利益，作为主导这一模式的国家机构，这一利益尤其指向国家的需要，而为了使所需要的利益达到最大化，操作的过程往往具有排他性和封闭性。

首先，政府主导竞技运动发展的经费主要来源于国家财政，经费的来源决定了政府发展竞技运动的服务对象是国家和国家内的人民，其服务对象具有一定的局限性。经费的来源决定了发展竞技运动的利益回馈需要指向投资方——国家，因此发展竞技运动的利益回馈指向具有单一性。

其次，政府主导竞技运动发展的管理机构主要来自国家行政部门，国家行政部门往往具有绝对的决策权，因此参与管理的主体较单一。与此同时，政府主导竞技运动的管理往往采用自上而下的管理体系，组织管理方式具有封

① 马俊峰：《马克思主义价值理论研究》，北京师范大学出版社 2012 年版，第 54-55 页。

闭性。

最后，由于经费来源的单一性以及政府的国家属性，政府主导竞技运动的发展模式和应用往往局限于一定区域，只能在一定区域或时期内起作用，因此政府主导竞技运动的作用区域和时间具有局限性。

（2）运行特征

政府主导竞技运动发展主要是由政府机构利用行政权力对竞技资源进行管理和调配，相对于市场作用的竞争机制，政府主导具有较强的指令性和计划性。因此，它的运行特征也主要表现为政府调控和计划性。

（3）项目特征

当前，市场经济成为经济发展的主流发展模式，先前由政府主导发展的诸多竞技运动项目也在逐步向市场主导转型。尽管如此，政府主导竞技运动发展的模式依然会在相当长的时间内存在并发挥作用，这是由竞技运动的项目特征与价值特征决定的。

首先，竞赛周期长、娱乐性低、市场化运营困难但依然是国际性大赛的项目，如竞技体操、举重、摔跤等，虽然其经济价值较弱，但在国际上依然具有一定的影响力，政府为获取该类竞技运动的政治、文化价值等会采取政府主导的发展模式。

其次，参赛设备要求高、社会普及度较低但依然是国际性大赛的项目，如射击、射箭、现代五项等，因受设备价格或法律规定的限制，普及度低、市场化运作差，要获得该类项目的竞技优势只能依靠政府主导发展。

再次，一些竞技优势长期集中于实行集中性政治体制与经济体制的国家中的项目，如乒乓球，虽然中国当前的经济体制正在转型，项目的职业联赛也逐渐成长，但当前这些联赛的运动员几乎全部从国家行政部门设置的训练机构中培养出来，训练经费几乎全部来自国家财政拨款，因此依然呈现出政府主导的发展形态。

最后，一些国家传统的竞技运动项目已成为国家或民族文化的一部分，具有重要的社会价值，为保持这类项目的传承性或竞技优势，国家会采取政府主导发展的模式而使其呈现出正主导的发展形态，如古巴的拳击、俄罗斯的艺术体操等。

（4）国家特征

“苏联模式”和“举国体制”是政府主导竞技运动发展的代表性制度，实行这一类型管理制度的国家基本上都与苏联阵营的国家有着直接或间接关系。苏联解体前，不论是苏联还是民主德国，都在竞技体育领域取得了显著成就；苏联解体后，继续实行这一类型管理制度的国家，不论是中国还是古巴也都在竞技运动领域取得显著的成绩。冷战时期的社会主义阵营和资本主义阵营在各个层面展开竞争，竞技运动也成为这两种意识形态的主要阵地，一部美国电影《冰上奇迹》很好地诠释了两大阵营在竞技运动竞争上的价值取向——政治利益。两大阵营代表两种不同的政治体制和经济体制，政治体制和经济体制是不是政府主导竞技运动发展的影响因素呢？

首先，对经济体制类型与政府主导竞技运动发展形态关系的分析。

根据刘嗣明（2014）对社会制度、经济体制与政治体制的关系分析，当今世界存在着两种类型的经济体制，即竞争性的经济体制（市场经济体制）与集中性的经济体制（计划经济体制）。计划经济顾名思义就是有规划、有计划地发展经济，是对生产、资源分配以及产品消费事先进行计划的经济体制，由于几乎所有的计划经济体制都依赖于指令性计划，因此计划经济也被称为指令性经济。计划经济体系中解决三个基本经济问题（生产什么、如何生产、为谁生产）的主体均为政府行政机构，而且大部分的社会资源是由政府所拥有和分配，不受市场影响。因此在计划经济体制下，竞技运动发展必然呈现出政府主导的形态。

市场经济是一种经济体系，这种体系下产品和服务的生产及销售完全由自由市场的自由价格机制引导，而不是像计划经济一般由国家引导。竞技运动具有多价值性，而经济价值是其重要的价值属性，因此在市场经济体制下竞技运动的经济价值可以被充分挖掘，对竞技运动的经济价值的追求使市场可以主导竞技运动的发展。例如，美国和英国是实行自由市场经济体制的代表国家，更是老牌竞技体育强国，这两个国家的政府部门并不直接参与竞技体育的管理，而是将管理权交给各协会组织并由市场主导发展。当然竞技运动还有政治、文化等价值属性，如侧重对其政治价值与文化价值的追求，在实行市场经济的国家中也可以出现政府主导竞技运动发展的模式。根据廖佳（2009）的研究，法国竞技体育由政府机构主管，澳大利亚竞技体育实行国家管理体制，而法国与澳大利亚不仅是知名的体育强国，也是典型的市场经济国家，因此市场经济体制下并不排除采取政府主导竞技运动的发展模式。

其次，对政治体制类型与政府主导竞技运动发展形态关系的分析。

国家的政治体制主要有两种类型，一类是竞争性的政治体制，一类是集中性的政治体制（刘嗣明，2014）。实行集中性的政治体制的政府具有较大的决策权和执行力，具有集中力量办大事、对于重大决策的执行力强的优点。而政府主导竞技运动发展的模式本身就是一种集中性的体制，因此在集中性的政治体制下，政府主导竞技运动的发展形态更容易出现。

在竞争性的政治体制下，政府主导竞技运动的发展形态依然存在。例如，韩国先后于1966年和2009年投巨资兴建了泰陵选手村和镇川选手村等训练基地，实行长期集中训练体系，并在1982年专门成立体育部负责竞技体育。韩国政府主导的一些竞技运动发展措施正是韩国竞技运动水平在20世纪90年代快速提高的重要原因。日本在第二次世界大战后政治体制转为议会内阁制的代议民主制，实行立法、行政、司法的三权分立原则，呈现了竞争性的政治体制特征。1952年，日本成立了竞技体育的管理结构——文部省体育厅，虽然实行了政府与协会相结合的管理体制，但政府在竞技体育崛起过程中起到了主导作用。日本政府通过制定发展竞技运动的政策法规和大力投资经费，极大地促进了日本竞技运动的发展。因此可以得出结论：集中性的政治体制是竞技运动呈现政府主导发展形态的直接原因，而竞争性的政治体制本身与竞技运动呈现政府主导的发展形态并无直接关系。

从世界范围看，大国崛起时常伴随着体育的崛起，体育的崛起成为大国崛起的信号和象征。[①] 通过梳理体育强国竞技体育的崛起过程，本研究认为：政府主导竞技运动发展是实现竞技体育崛起效率最高、最常用的一种模式，而竞技体育的快速崛起能够帮助国家实现特定的政治目的与政治意图。只要存在这种特定的政治目的或者政治意图，政府主导竞技运动的发展模式就会存在。

（三）市场与政府共同主导竞技运动发展的本质与形态特征分析

1. 市场与政府共同主导竞技运动发展的本质

市场与政府共同主导竞技运动发展的本质是竞技项目的竞技特征具有差异性以及主体对其多种价值的追求。

资本主义国家的发展史表明市场经济体制相对其他经济体制显著的特征之一是创造财富，因为它能够充分发挥人类的想象力，调动市场各个主体的积极性。市场经济以追求创造最大的经济利润为己任，对竞技运动经济价值的追求是市场主导竞技运动发展的必然要求。由于竞技运动的多重价值属性，对竞技运动其他价值的追求再加上市场对竞技运动价值挖掘的局限性必然要求其他主导主体的出现。政府作为国家权力的实际行为体，不仅具有超于其他一切

---

①舒盛芳：《大国体育崛起及其启示：兼谈中国体育“优先崛起”的战略价值》，《体育科学》2008年第1期，第76-81页。

社会组织的至上的权威性和强制力，也肩负了价值导向、政治统治、经济管理、社会协调等公共服务责任。因此，对竞技运动多重价值的追求不仅是历史的必然也是各需要主体的要求。

市场与政府共同主导竞技运动发展可在两种情况下产生：

一种是竞争性的经济体制中政府加强干预的情况。资本主义历史经验表明，在竞争性的经济体制下市场完全主导的体制并不是完美的，不论是因市场自身机制造成的经济危机还是市场应对经济危机时的无力，市场都显露出其解决经济危机的滞后性与无力性的弊端。因此，美国和西方国家推行了凯恩斯主义，面对经济危机他们开始启动政府对市场的干预。创造巨大经济效益的竞技运动领域也必然引起政府的注意并被实施干预措施，在一定程度上呈现了市场与政府共同主导的竞技运动发展的特征。因此，出于对“市场失灵”而实行的行政干预是竞技运动出现市场与政府共同主导的一个原因。另外，针对市场“不感兴趣”的竞技运动项目，政府需要直接主导或者以适当的方式促成市场主导竞技运动的发展以满足社会的需要。

另外一种是集中性的经济体制进行转型或引入市场机制的情况。在经济全球化的大潮中，市场经济因其开放性与高效益性越来越成为当今经济的主流趋势，不论是苏联解体后的东欧国家还是当今的中国，要么直接由集中性的经济体制向竞争性的经济体制转型，要么在集中性的经济体制下引入市场机制，因为这是与世界其他国家合作交流、与世界经济接轨的重要途径。在集中性的政治体制与竞争性的经济体制相冲突或适应的过程中，自然地出现了政府与市场共同主导的模式。不论是政府主导多一些还是市场主导多一些，都是政治体制与经济体制相互协调的结果。

2. 市场与政府共同主导竞技运动发展的形态特征

(1) 系统特征

市场主导具有开放性，而政府主导发展的竞技运动具有相对的封闭性，因此市场与政府共同主导发展的竞技运动具有这两种矛盾的系统属性。

(2) 运行特征

由于竞技运动价值的多重属性，对竞技运动多重价值的追求必然导致不同的运行特征。对竞技经济价值的追求无疑市场的效率最高，而对政治、文化等价值的追求无疑政府主导更具优势。因此，市场与政府共同主导是发挥市场调控与政府调控的双重作用。一方面市场的介入必然要求其遵循商品经济价值规律的作用，它通过市场这个看不见的手来调配竞技运动资源，另一方面针对市场在其他价值属性追求上的“失灵”现状，政府不得不采取行政的手段进行调控。

（3）项目特征

市场具有自发性，它依据社会需要多少和商品价值大小来择取竞技运动项目，因此市场对竞技运动的选择是具有次序性的。需求人群偏少、经济价值偏小的竞技项目虽然可以通过市场化来运作，但自身较弱的市场属性导致市场发挥的作用有限，不能满足社会需要，因此需要其他主体参与共同主导。例如田径项目，虽然近几年国际黄金职业联赛与钻石职业联赛市场化运作越来越成熟，在全球的影响力和吸引力也越来越大，但市场依然不能完全单独承担起主导田径项目发展的重任，这是项目自身训练时间长、竞赛频率低、竞赛节奏简单的竞技特征决定的。总结这些竞技项目的特征如下：

首先，这类竞技项目具有一定水平的经济价值，但比市场主导的竞技项目经济价值低或市场开发晚，但比政府主导的竞技项目经济价值高或市场可操作化水平高。

其次，这类竞技项目中的部分项目竞赛频率相对较低、竞赛节奏相对简单，但发展历史一般较长，具有一定的普及度。例如游泳，澳大利亚的游泳项目虽然由各级游泳协会管理，但是政府依然会提供大量的资金支持。2009—2012年，澳大利亚政府投资给游泳项目近3900万澳元，而且每逢大赛都会提前集中训练，所有费用均由政府承担。

最后，这类竞技项目中有相当数量项目的竞技优势集中于经济体制正在转型的国家或地区。

第二节　不同发展形态的竞技运动竞争平衡影响因素分析

竞技运动呈现不同的发展形态是由施加的外界条件的差异造成的，这些外界条件可因竞技运动的系统特征、项目特征、运行机制、组织管理模式的差异而有所区别，因此有必要针对不同发展形态的竞技运动有区别地就影响因素展开分析。通过对“竞技运动竞争平衡的影响因素”专家访谈结果的汇总发现，不同发展形态的竞技运动竞争平衡有共同的影响因素如政治环境、经济环境、文化环境等，也有特殊的影响因素如职业体育联赛的历史、水平、地理分布等。访谈过程中涉及的影响因素（关键词）汇总如表4-1所示。

表 4-1 不同发展形态的竞技运动竞争平衡影响因素

<table>
<tr><th>发展形态</th><th>政治环境</th><th>经济环境</th><th>地理/文化环境</th><th>职业体育联赛</th><th>政府导向</th></tr>
<tr><td>市场主导</td><td rowspan="3">涉及关键词：
政治体制
政治体制趋势
政治稳定
国家稳定</td><td rowspan="3">涉及关键词：
经济体制
经济水平
经济体制趋势
新科技应用</td><td rowspan="3">涉及关键词：
地理条件
人种的差异
体育文化的差异
体育文化区域分布
体育文化扩散
（传播）
宗教影响</td><td rowspan="2">涉及关键词：
联赛水平
联赛地理分布
联赛发展历史
联赛组织模式</td><td></td></tr>
<tr><td>市场与政府
共同主导</td><td rowspan="2">涉及关键词：
竞技体育体制
政府政策导向
政府价值取向
政府发展目标</td></tr>
<tr><td>政府主导</td><td></td></tr>
</table>

一、市场主导发展形态的竞技运动竞争平衡影响因素分析

（一）职业体育联赛

自 20 世纪 80 年代，国际性体育赛事和国家级体育赛事逐渐取消了对职业运动员参赛的限制，越来越多的职业运动员出现在国际体育赛事中，竞技运动逐渐呈现出职业化的特征。竞技运动的职业化极大地提高了运动成绩，它使比赛的竞争性更加激烈、更具有欣赏性，也使得这些项目更容易被市场关注，更容易利用商业化手段来运作。随着竞技运动的国际性与经济发展全球化不断切合，竞技运动的职业化与商业化特征愈发明显，逐渐成为现代竞技运动发展的主流形式。

职业体育联赛不仅是市场主导竞技运动发展形态的一种表现，而且对竞技运动的发展、传播产生重要影响，影响着竞技运动的竞争结构和态势的变化。

1. 职业体育联赛的水平和历史影响这类竞技运动的竞技实力

对竞技运动竞争平衡的研究，以地理区域为单位尤其是以国家为单位分析竞技项目的竞争格局、竞技优势分布的状态和变化过程，竞技运动竞争平衡对球员的国家归属有明确的限定，也就是国家的竞技实力是通过本国球员的竞技表现体现出来的。职业体育联赛囊括了大量的外籍球员，它的水平不能代表国家的竞技水平；另外联赛水平不等于竞技水平。例如，国际足球历史和统计联合会(IFFHS)对于各国家足球联赛水平的评估依据是联赛俱乐部在洲际比赛的成绩、联赛外援的数量、该联赛在该国以外的收视率、联赛激烈程度以及联赛密度等，它是一种市场化的联赛水平排名，不是单纯竞技水平的排名。但国家职业体育联赛的水平对同类竞技项目的国家竞技实力产

生重要影响。

(1) 国家职业联赛的水平影响着该项目的国家竞技实力——以足球职业联赛为例分析

本研究选取 2002 年、2006 年、2010 年和 2014 年共 4 届足球世界杯 32 强中的 50 个国家或地区，对 1～32 名次分别赋值 32、31、30…… 3、2、1，统计各个国家或地区在这 4 届世界杯上获得的赋值分，以在足球世界杯获得的赋值分的和代表该国家足球的竞技水平；对各国足球联赛 2001—2014 年的 IFFHS积分和代表该国或地区职业足球联赛的水平（表 4-2），两者进行相关性分析（表 4-3）。

就样本中的各种变量进行 Pearson 相关性分析，具体分析结果如表 4-3 所示。

表 4-3 的 Pearson 相关分析显示，2002—2014 年这 4 届足球世界杯 50 支国家足球队所得的世界杯赋值和与 2002—2014 年国家足球联赛 IFFHS 积分和之间具有高度线性相关（Pearson 相关系数为 0.706），而检验结果显示具有显著性差异（$P<0.01$），由此认为国家足球竞技水平受国家职业足球联赛的排名影响较大。

另外，在国家足球竞技水平与国民经济水平相关分析中，本研究抽取了 2002—2014 年的平均国内生产总值、平均国民总收入以及人均国内生产总值和人均国民总收入一一进行了 Pearson 相关分析，结果显示：50 支国家足球队所得世界杯赋值和与国家国内生产总值（GDP）、国家国民总收入（GNI）、人均国内生产总值和人均国民总收入的 Pearson 相关度较弱且检验结果不具有显著性差异，因此不能认为这些变量之间存在线性相关。但在统计样本中发现，所有进入这 4 届世界杯决赛圈的国家的经济收入水平至少为中等收入国家水平，由此可判定：国家经济收入水平是影响足球竞技水平的基础性要素。

基于上述相关性分析，本研究以 IFFHS 积分和为自变量，世界杯赋值和为因变量，建立线性回归方程，模型结构与检验结果如表 4-4 和图 4-1 所示。

检验结果显示，模型的 R 值为 0.730，R^2 为 0.498，即模型可以反映 49.8% 的原始数据信息量，另外，方差分析 $F=35.769$，具有显著性差异（$P<0.01$），由此认为模型精度良好。从方程结构来看，IFFHS 积分和每增加 167.75，可使得世界杯赋值和增加 1 个积分，表明国家职业足球联赛水平对于国家足球竞技水平具有明显作用。

表 4-2　调查样本 IFFHS 积分等信息统计表

国家	世界杯赋值和	2001—2014 年 IFFHS 积分和	联赛历史（截至 2015 年）	年均 GDP/（$\times 10^9$ 美元）	人均 GDP/美元	年均 GNI/（$\times 10^9$ 美元）	人均 GNI/美元	国家收入水平	人口/（$\times 10^6$ 人）
德国	91	9 235	115	2 823.5	34 330	2 817	3 4262	高	82.3
巴西	87	9 367	56	1 102.9	5 828	994	5 260	中	185.9
西班牙	85	11 120	86	1 145.6	25 979	1 090	24 706	高	43.4
英格兰	73	11 516	127	2204.5	36 360	2 244	36 990	高	60.3
阿根廷	71	8 753	122	231.4	5 923	177	4 660	中	38.7
葡萄牙	63	6 817.5	77	193.9	18 383	183	17 427	高	10.5
韩国	62	3 376.5	32	807.2	16 657	814	16 799	高	42.2
墨西哥	59	6 526	72	890.3	7 957	878	7 849	中	110.9
意大利	57	10 640	117	1 784.6	30 276	1 732	29 383	高	58.6
巴拉圭	56	5 017.5	109	11.6	1 918	10	1 652	中	5.9
荷兰	53	7 247.5	118	652.5	39 866	639	39 060	高	16.3
美国	52	2 906.5	19	13 092.5	43 966	13 323	44 736	高	296
日本	51	3 693.5	50	4 576.4	35 863	4 767	37 358	高	16.3
加纳	45	2 613.5	59	17.1	758	15	682	中	21.5
法国	40	8 762.5	85	2 161.3	34 017	2 149	33 808	高	63.1
瑞典	39	32 22	91	374.2	41035	376	41231	高	9.1
瑞士	37	4 506	118	408.3	54 216	423	54 896	高	7.5
乌拉圭	36	5 046.5	115	22	6 581	21	6 281	高	3.3
丹麦	32	4 597	102	260.3	47 735	256	46 870	高	5.4

表 4-2(续)

国家	世界杯赋值和	2001—2014 年 IFFHS 积分和	联赛历史（截至 2015 年）	年均 GDP/（$\times10^9$ 美元）	人均 GDP/美元	年均 GNI/（$\times10^9$ 美元）	人均 GNI/美元	国家收入水平	人口/（$\times10^6$ 人）
厄瓜多尔	30	4 544.5	58	43.3	3 217	42	2 954	中	13.8
科特迪瓦	30	2 746.5	55	17.4	980	16	903	中	17.5
南非	30	3 134.5	19	233.1	4 868	219	4 570	中	47.2
土耳其	30	6 250	56	486.1	7 041	461	6 682	中	67.8
澳大利亚	29	2 486	38	727.2	34 791	669	31 998	高	20.5
塞内加尔	26	2 178.5	45	9.4	801	9	767	中	11.3
乌克兰	25	5 625	(79)	96.6	2 069	88	1 888	中	26.3
智利	23	5 741	82	134.4	8 105	119	7192	高	16.3
爱尔兰	21	3079.5	94	195.6	46125	173	40 536	高	4.2
克罗地亚	21	3753.5	23	46.9	10 587	43	9 886	高	4.4
比利时	19	6 054	120	484.4	36 317	380	35 841	高	10.5
斯洛文尼亚	18	3 226.5	[92]	37.9	18 811	36	18 049	高	2
斯洛伐克	17	3539	(79)	65.4	12 103	61	11 292	高	5.4
哥斯达黎加	16	3191.5	94	23.4	5 317	22	5 119	中	4.3
喀麦隆	15	3 100.5	54	17.3	928	17	884	中	18.2
波黑	13	3 165	[92]	14.7	3828	38	10000	高	3.84
捷克	13	5 388.5	(79)	143.2	13 839	136	13 131	高	10.3
突尼斯	13	3 789	94	34.2	3 370	33	3 220	中	10.1
尼日利亚	12	3 221.5	43	129	882	113	773	中	140.5

表 4-2(续)

国家	世界杯赋值和	2001—2014 年 IFFHS 积分和	联赛历史（截至 2015 年）	年均 GDP/（$\times10^9$ 美元）	人均 GDP/美元	年均 GNI/（$\times10^9$ 美元）	人均 GNI/美元	国家收入水平	人口/（$\times10^6$ 人）
俄罗斯	11	2 517.5	(79)	913.5	6 402	810	5 675	高	143.5
塞尔维亚	11	3 866.5	[92]	28.8	3 900	26	3 580	中	7.4
新西兰	11	1 526.5	11	106.2	25 412	96	23 027	高	4.1
安哥拉	10	2 623	36	42.8	2 398	35	1 933	中	16.7
波兰	8	3 523.5	88	335.9	8 802	317	8 315	高	38.2
希腊	8	6 193	88	245.9	22 034	233	20919	高	11.1
伊朗	8	3 019.5	45	237.3	3 314	194	2 734	中	70.3
沙特	6	3 125	39	334.2	13 690	342	13 566	高	24.3
特立尼达	6	1 306.5	（未知）	16.6	12 768	16	11 919	高	1.3
阿尔及利亚	5	3 135.5	53	108.9	3 124	102	2 924	中	34.2
洪都拉斯	3	2 955.5	51	10.9	1 545	10	1 454	中	6.9
中国	2	2 881.5	59	3 025.9	2 299	2 896	2 202	中	1 303.5

数据来源：FIFA 官网、IFFHS 官网、世界银行官网、维基百科及部分国家足协官网。

注："(79)"代表追溯到苏联足球联赛历史，"[92]"代表追溯到南斯拉夫足球联赛历史。

表 4-3 50 支国家足球队世界杯所得的赋值和与 IFFHS 积分和及国家人口的 Pearson 相关性分析($n=50$)

		世界杯赋值和	IFFHS 积分和	国家人口
世界杯赋值和	Pearson 相关系数	1	0.706**	0.384*
	双侧显著性检验		0.000	0.019
IFFHS 积分和	Pearson 相关系数	0.706**	1	0.196
	双侧显著性检验	0.000		0.244
国家人口	Pearson 相关系数	0.384*	0.196	1
	双侧显著性检验	0.019	0.244	

注:** 表示在 0.01 水平(双侧)上显著相关,* 表示在 0.05 水平(双侧)上显著相关。

表 4-4 线性回归方程模型结构、检验及方差分析一览表

模型结构	R	R^2	F	Sig.
$Y=7.39+6.07\text{E}-3x$	0.730	0.498	35.769	0.000

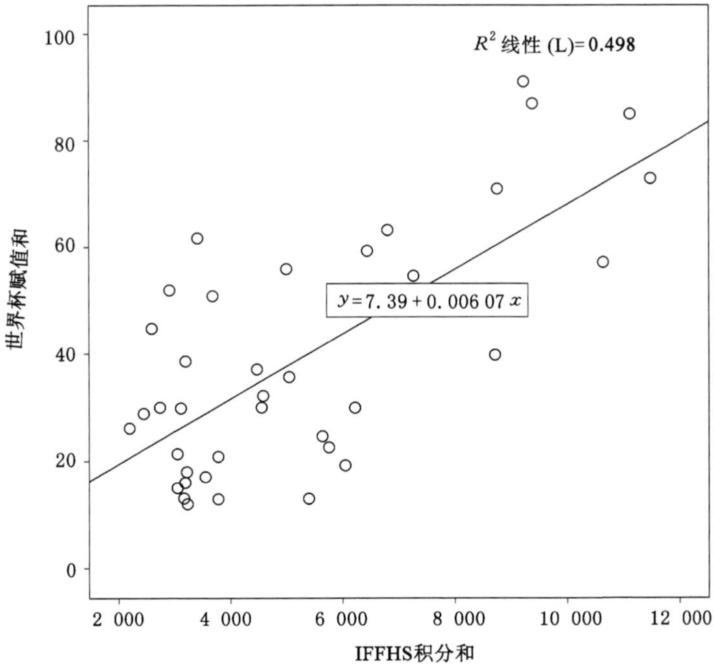

图 4-1 IFFHS 积分和与世界杯赋值和的线性相关图

(2) 职业体育联赛的历史和文化影响该项目国家竞技实力

一个国家足球职业联赛的历史越长，其联赛的成熟度和完善性就越好；又因为足球职业联赛与国家足球竞技实力具有相关性，足球职业联赛与国家足球竞技实力能够互相推动，因此足球职业联赛历史对国家足球竞技实力的作用也会不同。

一般来讲，足球职业联赛历史越长，对国家竞技足球发展的推动力作用时间也就越长，国家或地区的竞技实力可能也就越强。如表 4-5 所示，西欧区的足球职业联赛与南美区的足球职业联赛成立的时间最早、职业化的时间也早，而这与当前西欧区与南美区足球竞技实力最高的竞争结构特征不谋而合。我们看到，亚洲足球联赛的职业化明显晚于欧洲与南美洲，其联赛水平与国家队水平也相对较弱；在亚洲，足球联赛职业化最早的是韩国与日本，其国家竞技水平在亚洲范围内也较强。本研究将这种职业体育联赛历史对职业体育联赛水平与国家竞技水平的提升效应称为职业体育联赛的历史积优性。

表 4-5　世界主要代表性足球职业联赛基本信息

地区	代表性联赛	(前身)创立时间	职业化时间	参赛形式	联赛特征
欧洲	欧洲足球冠军杯	1955 年		俱乐部	当前奖金最高的足球赛事与体育赛事之一
	欧洲足球锦标赛	1960 年		国家队	欧洲足联成员国间参加的最高级别国家级足球赛事
	英格兰足球超级联赛	1888 年	1888 年	俱乐部	最早的足球职业联赛，当前世界范围内收入和盈利最高、外援比例最高的联赛
	西班牙足球甲级联赛	1928 年	1928 年	俱乐部	素有“明星联赛”“先生联赛”之称，是培养足球先生和金球奖的摇篮，多年位于积分榜首位
	德国足球甲级联赛	1900 年	1963 年	俱乐部	全球平均上座率最高的、经济状况最健康的足球联赛
	意大利足球甲级联赛	1898 年	1930 年	俱乐部	一度被誉为“小世界杯”
	法国足球甲级联赛	1930 年	1932 年	俱乐部	法国最高水平联赛，非洲籍球员比例最高

表 4-5(续)

地区	代表性联赛	(前身)创立时间	职业化时间	参赛形式	联赛特征
南美洲	美洲杯	1916 年		国家队	全世界历史最悠久的国家级足球赛事
	南美自由杯	1960 年		俱乐部	南美洲各顶级俱乐部之间竞争的最高荣誉的国际足球赛事
	巴西足球甲级联赛	1959 年	1971 年	俱乐部	常年世界联赛排名第二,向外输出球员世界之最
	阿根廷足球甲级联赛	1893 年	1931 年	俱乐部	世界排名第六
	智利足球甲级联赛	1933 年	1933 年	俱乐部	
	乌拉圭足球甲级联赛	1900 年	1932 年	俱乐部	
亚洲	亚洲杯	1956 年		国家队	
	亚足联冠军联赛	1967 年		俱乐部	1971 年停办,1986 年复办
	日本 J 联赛	1965 年	1993 年	俱乐部	亚洲最受欢迎及最具质素的足球联赛
	韩国 K 联赛	1983 年	1983 年	俱乐部	亚洲最早的职业足球联赛,2012 IFFHS 排名最高的亚洲足球联赛(15 位)
	中国超级足球联赛	1989 年	1994 年	俱乐部	中国职业化最早的体育赛事
非洲	沙特足球超级联赛	1976 年		俱乐部	
	非洲杯	1957 年		国家队	
	非洲冠军杯	1964 年		俱乐部	
	非洲足协杯	1975 年		俱乐部	
	埃及足球甲级联赛	1948 年	1948 年	俱乐部	世界联赛中竞争较为激烈的联赛之一
	尼日利亚足球甲级联赛	1972 年	1990 年	俱乐部	
中北美洲	美洲金杯	1991 年		国家队	
	中北美洲及加勒比海冠军联赛	1962 年		俱乐部	
	墨西哥足球甲级联赛	1943 年	1943 年	俱乐部	
大洋洲	国家杯	1973 年		国家队	
	联冠	1987 年		俱乐部	
	澳大利亚足球甲级联赛	1977 年		俱乐部	

职业体育联赛的历史积优性是建立在体育联赛持续发展保持竞争力的基础上的，如果该体育联赛没落或被其他崛起的体育联赛超越，其积优的效果将失去竞争力。最显著的例子是美国的网球公开赛和高尔夫球名人赛，虽然分别晚于英国的温布尔顿网球公开赛与英国高尔夫球公开赛，但在积优的效果上美国的这两个后起之秀更具效率，这也是美国的网球与高尔夫球竞技水平高于英国的重要原因。因此，市场化的职业体育联赛的快速崛起和持续发展能够在一定程度上对现有的竞技运动竞争结构和平衡态势带来影响。

文化源自历史，较长的足球联赛历史更容易孕育成熟、健康的足球文化，而良好的足球文化是维持国家足球竞技实力的重要保障。首先，成熟健康的足球文化包含了严谨、科学的足球制度文化，这种足球制度文化可以在足球不同的领域内发挥作用，不论是在职业足球联赛还是在国家足球队，制度性的意识使整个足球运动的管理具有有序性和实效性。其次，成熟健康的足球文化同样包含了积极、健康的足球精神文化，这是足球运动良好的行为准则、思想体系、价值观念的体现，而这正是足球运动可持续发展的重要思想性保障。最后，成熟健康的足球文化将足球与大众生活紧密联系在一起。例如在巴西，足球运动已经成为一种生活态度，成为人们生活的一部分。足球运动的生活化不仅使足球运动的群众基础广泛、后备人才源源不断，更使足球运动发展受到国家各个层面的重视，使足球超出运动的范畴成为国家的象征和国家发展的重要内容。而这正好能解释像巴西这一世界足球运动“造血工厂”一直成为世界足球强国的重要原因。

因此，相对稳定、成熟的足球文化更容易使国家足球竞技实力提高或保持稳定的水平。欧洲与南美洲因足球联赛历史上的优势而形成的较其他地区成熟而稳定的强势足球文化，保障了欧洲与南美洲在世界足球竞争体系中的竞争优势。这种稳定的竞争优势的保持使欧洲（尤其是西欧区）与南美洲一直成为世界足球主要的竞争主体，而这一竞争结构恰恰是当前世界足球竞争近平衡态势维持相当长时间的一个重要因素。

2. 高水平职业体育联赛地理区域分布影响这类竞技运动的竞争结构

（1）以职业足球联赛为例

2001—2010 年 IFFHS 累加积分排名前 60 的足球联赛，分区域统计情况如表 4-6 所示。西欧区共有 19 个国家足球联赛上榜，不仅数量最多而且排名最高（其中有 7 个排在前 10 名，8 个排在 11～30 名）。南美区虽然联赛数量较东欧区少，但 IFFHS 累加积分比东欧区高，说明南美区足球联赛水平高于东欧区。东欧区的足联排名在 11～30 名层次中有 5 个，次于南美区且高于非洲区（东欧区与非洲区排在31～60名层次的联赛数量相等,IFFHS累加积分类似),因此东欧区足球联赛水平高于非洲区。中北美地区墨西哥足球联赛一枝独秀排在前10,但其他联赛较弱。亚洲及大洋洲区虽然联赛数量较中北美区多但联赛水平较弱,亚洲最好的日本J联赛与韩国K联赛仅排在第34、39名,而澳大利亚的足球联赛排到了71名。

表4-6 2001—2010年IFFHS累加积分排名前60的足球联赛分区域统计

区域	第1～10名		第11～30名		第31～60名		合计	
	联赛数	IFFHS累加积分	联赛数	IFFHS累加积分	联赛数	IFFHS累加积分	联赛数	IFFHS累加积分
西欧区	7	65 338.5	8	41 860.5	4	12 606.5	19	119 805.5
南美区	2	18 120	6	31 724.5	2	6 270.5	10	56 115
东欧区	0	0	5	25 578.5	8	26 952.5	13	52 531
非洲区	0	0	1	4 006.5	8	25 551.5	9	29 558
中北美区	1	6 526	0	0	3	8 823	4	15 349
亚洲及大洋洲区	0	0	0	0	5	16 096	5	16 096

世界前30名的足球联赛基本上被西欧区与南美区所垄断,尤其是西欧区数量最多、优势最大,而这也与世界足球竞争结构相类似。

(2)以男子职业网球巡回赛为例

职业网球巡回赛事的等级往往能够通过冠军所获得的最高ATP积分来显示,当前ATP排名积分主要来自ATP1000、ATP500、ATP250共3个级别的系列巡回赛,ATP年终总决赛以及ITF共4个大满贯赛事。本研究通过统计所有ATP积分来源的赛事区域归属发现,高级别赛事主要分布于北美地区、西欧地区以及大洋洲地区。尤其是美国,囊括了12个ATP巡回赛事和1个大满贯赛事,9个ATP1000一级赛事中美国占据了3个。美国拥有如此高质量的、长历史的网球职业赛事是其他国家难以比拟的,与此同时,美国在网球运动中取得的成就也是当前其他国家无法超越的。本研究对各区域ATP赛事积分与各区域男子网球竞技实力(以ATP前8名赋值分累加值表示,如表4-7所示)进行线性拟合分析(图4-2),$R^2=0.803$,这说明一地区或国家ATP赛事积分与各区域男子网球竞技实力具有较高的相关度。(虽然亚洲地区网球职业赛事的数量也比较多且等级比东欧区还要高,但是这些赛事的创立时间相比北美、西欧甚至东欧地区要晚得多。)

表 4-7 网球职业联赛统计表

区域	大满贯	ATP1000	ATP500	ATP250	合计	ATP 赛事积分	最早创立 时间/地点	ATP 前 8 赋值分
北美区	1	4	3	6	14	9000	1881 年/美国	513
西欧区	2	4	5	17	28	14750	1877 年/英国	564
大洋洲区	1			3	4	2750	1885 年/澳大利亚	56
东欧区				5	5	1250	1955 年/俄罗斯	178
南美区				4	4	1000	1984 年/智利	115
亚洲区		1	3	4	8	3500	1973 年/日本	0
非洲区				1	1	250	1984 年/摩洛哥	0

数据来源：ATP 中文官方网站。

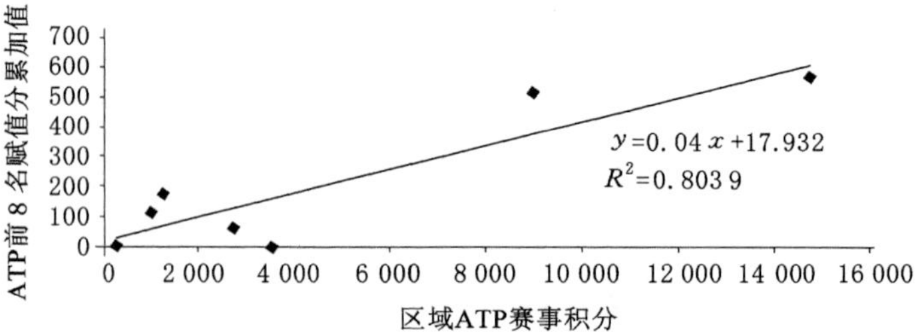

图 4-2 各区域 ATP 赛事积分与各区域男子网球竞技实力线性拟合分析

3. 职业体育联赛组织运营模式有利于竞技优势的均衡化

（1）职业体育联赛将赛事推广到世界各地，有利于项目的普及

当前知名的体育职业赛事倾向于发展成为全球性的赛事，因此它们积极地向外推广赛事。例如 NBA 除在美国本土举行联赛外，还在亚洲、欧洲等地区安排相关系列赛事；ATP 年终总决赛也是采用申请承办的形式，纽约、悉尼、东京、上海、伦敦、法兰克福、汉诺威等城市都承办过该赛事；又如 2013 年欧洲高尔夫巡回赛遍布五大洲 25 个国家和地区，欧洲本土外的赛事占到总赛事数量的一半以上，且大量分布于北美洲、非洲、亚洲等地区。职业体育联赛不仅把赛事扩展到世界各地，同时也把职业体育赛事的发展模式传播到世界各地，如亚洲与非洲地区的职业足球联赛等皆是学习欧洲的足球联赛模式。职业体育联赛在世界范围的扩展促进了各地该项竞技运动的普及，进而影响该项运动的竞争结构和平衡态势。

（2）职业体育联赛促进竞技运动人才的区域流动，加强了世界各地体育交流职业体育联赛强大的媒体宣传力度和高额的奖金与工薪水平使该项运动的商业价值清晰地展示于世界各地，吸引了世界各地大量的现役和未来选手投身于该项竞技运动。以 NBA 为例，截至 2013—2014 赛季揭幕战比赛日，NBA 各队共计拥有来自 39 个国家和地区的 92 位国际球员，这些球员在所属国家无不是竞技水平最高球员的代表。例如在 2012 年奥运会篮球赛场上，西班牙国家队的加索尔兄弟、阿根廷国家队的吉诺比利与斯科拉、俄罗斯国家队的基里连科等这些主力球员无不常年效力于 NBA 的球队。世界上大量优秀运动员聚集于特定地区的特定联赛，促进了该项竞技运动的交流，有利于竞技优势的分流，进而促进了竞技运动发展的均衡性。同样的例子在足球领域更为突出，非洲近 20 年足球竞技水平的提高正是因为大量球员在海外高水平足球联赛训练、竞赛的结果。保罗·达比(Paul Darby)(2007)对近两届非洲国家杯参赛队伍的阵容名单研究发现，多数非洲精英足球运动员签约于欧洲俱乐部，并且这一趋势愈来愈明显。例如，在加纳和尼日利亚联合举办的 2000 年的非洲杯比赛中，有 50%的球员与欧洲俱乐部签约，而在 2002 年的马里非洲杯比赛中，这一数字已增加至 66%，在 2004 年突尼斯非洲杯比赛中这一比例上升至 67%。大量非洲球员在欧洲的足球联赛进行训练、比赛，不仅可以把欧洲足球联赛的先进技战术引进到非洲地区，直接提高非洲地区的足球竞技水平，而且可以把足球联赛的发展、管理等经验传播到非洲地区，促进足球运动的普及发展。

（二）经济环境

1. 经济水平的差异影响该类型竞技运动的竞争结构

竞技运动受市场主导发展，必然受到市场经济水平和体制的限制。市场要充分发挥机制还有赖于一个国家或地区的经济水平，尤其是国民的收入水平。竞技运动经济发达、国民收入高的国家或地区对这一形态的竞技运动的需求性更大，这就带来更大的社会关注，更容易产生广泛的群众基础和深厚的运动文化。从表 4-2 可以看出，足球竞技实力较高的国家，其国家经济水平和国民收入水平也较高。但这并不代表国家经济水平与国民收入水平越高其竞技实力就越强，通过对国家足球竞技实力与国民总收入(GNI)、国内生产总值(GDP)、人均 GNI、人均 GDP 进行相关性分析发现，这两者相关度较小。因此初步可以判定：国家经济收入水平不是影响市场主导发展形态竞技运动水平的决定性要素，但却是基础性要素；经济水平的差异虽然不能直接决定该类型竞技运动的竞技结构，但却产生重要的影响。

一个国家的经济不论因何种原因或者意愿造成的快速崛起或衰落，都能够直接影响到该类型竞技运动的组织运营，直至影响其竞技水平，进而影响竞技运动竞争平衡的结构和平衡态势。例如，20 世纪 60 年代后期，日本经济快速发展，在 1965 年足球联赛成立后日本足球竞技水平快速提高，而进入 90 年代实行了职业化与市场化的运营后，日本足球的竞技实力得到更快速的提升，成为亚洲足球强国。巴西在 20 世纪 50 年代末至 70 年代中期经济快速发展，实现了经济腾飞，1959 年巴西成立了足球联赛。在巴西经济腾飞的 20 多年中，巴西的足球联赛也实现了职业化转型，而在此期间巴西 3 次问鼎足球世界杯冠军，其竞技实力达到顶峰，使世界足球竞技优势向南美偏移，竞争平衡向南美倾斜。20 世纪 70 年代末期，巴西经济危机导致的经济衰落直接波及足球联赛，这一期间的巴西足球联赛出现种种问题，巴西国家足球竞技实力被削弱，其南美足球第一的地位也被经济危机影响较小的阿根廷取代。20 世纪 90 年代，巴西经济复苏，其足球职业联赛才恢复正常，巴西足球才再次问鼎世界杯冠军并重新夺回南美足球第一强国的地位。因此，市场主导发展形态的竞技运动项目，所在地区的经济水平的较大波动能够影响该项竞技运动竞争的平衡态势。影响经济波动的影响因素有经济体制转型、经济周期变化等，这些因素对体育联赛职业化与市场化运营影响巨大，往往成为影响该形态竞技运动的平衡态势的重要影响因素。因此，不论是因自身经济周期波峰与波谷的影响造成的经济波动，还是因为体制转型、政治动荡以及科技创新等造成的经济波动，都可以直接影响以市场为主导的竞技运动的竞争结构和平衡态势。

2. 经济体制的趋同化有利于竞技运动发展的均衡化

市场主导发展形态的竞技运动具有开放性，在市场经济体制下能够充分满足竞技运动开放性的发展需要，从而有利于促进竞技运动的发展。计划经济体制具有相对的封闭性，这与该形态竞技运动的开放性相矛盾，不利于这一形态的竞技运动的发展。这一特征决定了这一形态的竞技运动更容易在实行市场经济体制的国家和地区发展，从而造成竞技优势在这些区域的聚集。当前市场经济是世界经济的主导形式，世界各国的经济体制也逐渐向更加开放的市场经济体制靠拢；而且经济全球化是国际经济关系变化的总体趋势，它将世界各地的经济连成一体，这就为市场主导发展形态的竞技运动的普及和快速发展提供了条件，竞技优势聚集的效应能够被减弱，均衡化的趋势被加强。

（三）政治环境

1. 政治制度的差异影响该竞技优势的分布

通过当前竞技运动市场化与职业化发达国家的组织管理理念的分析发现，

职业体育发达、竞技优势明显的国家主要分布在欧美等西方国家，这些国家大部分实行的是“小政府、大社会”的管理理念。这种管理理念的来源不是集权而是分权，深受社会政治制度与政治生态的影响，是竞争性政治制度的一种体现。市场主导发展形态的竞技运动就是以市场为主导的配置模式的竞技运动，分权化的、竞争性的政治制度规限了政府的职能，有利于充分发挥市场和社会组织的自我调节能力，有利于该类型竞技运动的发展和竞技优势的获得。与之相对应的是集权性的“大政府、小社会”管理理念，它是集中性的政治制度的重要特征，这种理念强调政府配置资源的垄断性，不利于市场机制和社会组织的功能发挥，不利于这类项目在该政治制度下的发展，进而影响该类型竞技运动的发展和竞技优势的获得。

2. 政治制度的发展趋势有利于竞技运动发展的协调

当前世界政治体制与水平的差异在一定程度上影响了该类竞技运动的竞争结构，但与此同时我们也看到世界政治制度发展的趋势就是“小政府、大社会”。中国自2008年推行大部制改革后，“小政府、大社会”的改革理念再次流行。不止中国，世界上许多国家的政治体制改革都向着这种重视市场机制、重视社会组织的自我调节的管理趋势发展。随着市场经济体制的趋同，“小政府、大社会”的管理理念也将逐步流行并占到主导地位。这就弱化了政治体制对竞技优势分布失衡的影响，使政治制度更好地适应市场主导发展形态的竞技运动的需要，有利于这一类型竞技运动在全球范围的协调发展。

（四）文化倾向性

通过世界上经济发达国家的优势竞技项目统计发现，并不是每一个经济发达国家的同类项目职业体育都会发达、都会具备竞争优势。在特定的文化影响下，一些国家会选择一种或几种符合本国国情或者人们喜欢的竞技项目优先或重点发展。本研究把这种市场或者社会选择发展职业体育的次序性或选择性，称为职业体育发展的文化倾向性。例如在美国诸多的职业体育联赛中，最著名的是四大职业体育联赛，尤其是橄榄球联赛最为盛名，不论是球迷数量、电视收视率还是联赛利润都是最高，但在世界其他地区鲜见良好的橄榄球联赛的身影；全球最为疯狂的足球联赛在美国的发展远落后于四大职业体育联赛。

世界各地因种族、地理、经济、历史以及意识形态等的差异性而形成不同的文化区域，在特定的文化区域范围内社会能够自主地选择特定的竞技运动项目并纳入自己的文化范畴，从而推动、影响这些竞技运动的发展。

经济因素、政治因素以及文化因素是竞技运动发展的基本保障要素，它们不仅影响着市场主导发展形态的竞技运动，同样也对政府主导、市场与政府共同主导发展形态的竞技运动起着重要的影响，只不过这些因素对不同发展形态的竞技运动的影响程度不同，这有待进一步的研究分析。

二、政府主导发展形态的竞技运动竞争平衡影响因素分析

（一）国家的稳定性

政府主导发展形态的竞技运动，其管理机构与经费均来自国家，国家政治、经济等基本国家要素的稳定是政府主导发展竞技运动的基础性条件。在国家机器正常运营的基础上，在保障国民基本生活条件的基础上，政府才有余力主导发展竞技运动，失去这些基础性的要素，政府主导发展的竞技运动就会失去根基。例如东欧剧变造成东欧诸多国家政治动荡、经济混乱，该地区竞技运动的竞技实力大幅度下降，竞技运动的竞争结构和平衡态势发生改变。就竞技足球而言，波兰、保加利亚、匈牙利、南斯拉夫等国家在东欧剧变之前是公认的足球强国，曾一度形成了东欧、西欧与南美三足鼎立的竞争结构。东欧剧变、南斯拉夫解体后，东欧及苏联竞技区在与西欧和南美区的对抗中逐渐失去优势，最终改变了足球竞技运动的竞争结构。

（二）政府就竞技运动的价值取向

价值取向是指行为主体在价值选择和决策过程中的一定倾向性，是行为主体自觉地、有目的地为自己的行为方向进行的选择和把握。政府就竞技运动的价值取向在政府主导发展竞技运动的过程中具有首要地位，因为它是竞技运动发展规划、策略以及相关法规制定的重要内在依据。政府就竞技运动的价值取向决定怎样发展竞技运动、发展哪些竞技运动以及如何发展等，它决定着竞技运动参与主体的竞技实力，是竞技运动竞争结构与竞争平衡态势变化的主要诱导因素。在中国，“在早期奥运会是作为最高层次的竞技体育发展战略（简称为奥运战略）存在的，但后来随着奥运战略的宽泛，各系列赛事都向奥运模式靠拢，奥运金牌成为主要的价值取向”①。在以重点发展奥运会竞技项目、夺取更多奥运金牌的价值取向指引下，中国在短短的20多年内进入奥运会第一阵营，改变了奥运会的竞争结构和诸多奥运会项目的竞争平衡态势。

一个国家整体体育发展的价值取向是竞技运动的价值取向总领，决定了竞

①谢琼桓：《论北京奥运后中国竞技体育的价值取向和策略取向》，《武汉体育学院学报》2011年第11期，第5-14页。

技运动价值取向的属性和方向。而一个国家整体体育发展的价值取向是与这个国家所处的历史阶段以及国家的政治、经济、文化相适应的。因此，政府就竞技运动的价值取向的本质是国家政治、经济、文化发展需求的综合体现，只是因侧重点不同而有所差异。

竞技运动价值取向的变化能够在短时间改变一个国家或地区的竞技运动发展的各种要素，从而促进或阻碍竞技运动的发展，导致竞技运动竞争结构与竞争平衡态势的变化。而一个国家重大的社会变动和改革，往往成为竞技运动价值取向变化的重要诱因。例如，日本的明治维新不仅使日本快速发展为一个亚洲强国，同时也对日本的竞技运动价值取向产生重要影响，造成日本军国主义与现代体育的融合，为日本体育埋下了西方体育思想的种子。第二次世界大战结束后，日本竞技运动的价值取向主要表现为发展现代体育文化与发展国家意识①，这种现代性使日本竞技运动快速地与西方竞技运动文化相融合；而在发展国家意识的价值取向下，日本以奥运会为契机形成了奥林匹克行政的管理模式，建立了运动员训练强化体制，通过制定各项国策提高竞技运动的国际竞争力。因此，这一阶段的日本竞技运动发展呈现了政府主导的形态，在这种国家意识的需要下日本竞技体育快速崛起，对世界竞技运动的竞争格局产生重要影响。而自 20 世纪 80 年代后期，日本竞技运动发展国家意识的价值取向有所衰减，与此同时也造成了日本竞技运动水平的下降，对世界竞技运动的结构和平衡态势造成了影响。

（三）政府就竞技运动的发展目标

政府就竞技运动的发展目标则是竞技运动发展绩效的重要的指标，发展目标的制定与实现体现了竞技运动竞技水平提高的程度和幅度，这是竞技运动竞争结构与平衡态势变化的重要因素。

政府就竞技体育发展的目标有多种性质，有长期的目标，也有近期目标；有总体的目标，也有分阶段目标；有全局的目标，也有局部目标等。这一系列目标是竞技运动竞技水平提高的指向，而实现目标设置的期限以及标准则体现了竞技运动竞技水平提高的幅度和范围。在这一系列的目标当中，无疑长期的、全局的、总体的发展日标对竞技运动的竞争结构的平衡态势具有较大的影响，然而真正引起竞争结构与竞争态势改变的是不同地区竞技运动的基础水平、目标大小以及与目标实现的速率差。例如，在某项竞技运动多极竞争的平衡态势

①曲国洋：《日本竞技体育体制研究》，北京体育大学 2011 年博士学位论文，第 30 页。

下，基础水平相同，但因各地区发展目标与目标实现速率不同而造成竞争实力的不均衡，从而改变这一竞争的平衡结构和态势。

合理的竞技运动发展目标的设置总是与一定价值取向下的政治、经济、文化等相适应的，其发展目标的内容与实现速率受竞技运动的价值取向、政治体制及经济体制的影响。就竞赛周期长、娱乐性低、市场化运营困难但依然是国际性大赛的项目而言，在集中性的政治体制与经济体制下，政府部门可以在竞技运动的目标实现的过程中充分发挥“集中”“统一”等高度集权的行政管理特征，再加上国家投资的稳定性，从而保证竞技运动发展目标高速率的实现；但在开放性的政治体制与经济体制下，由于政府权力受到限制，政府就竞技运动发展目标的制定与实现都受到制约，其目标实现速率相对会降低。可见，政府就竞技运动发展目标在很大程度上受政治体制与经济体制的制约，也受政府价值取向的影响。一般来说，政府主导发展竞技运动价值取向不同，发展目标就不同，从而发展的手段和方法也不会一样，对竞技运动发展的推动力也不同，进而造成竞技运动竞争结构和平衡态势的变化。

（四）竞技运动的行政管理体制与组织结构

一般地说，行政管理体制是指一个国家行政机构设置、行政职权划分及为保证行政管理顺利进行而建立的一切规章制度的总称。从本质上说，竞技运动的行政管理体制是一个国家的政体及其管理制度在体育领域内的集中反映。政府在竞技体育组织的各个层级、各个部门之间的权力配置形式形成了不同的竞技运动管理体制，其管理成本与管理效率是不一样的。如果竞技运动的行政管理体制与国家的政治、经济、文化等发展的性质和程度相适应，就会产生管理的高效率；反之，管理效率就会低下。因此，竞技运动的管理体制是政府主导发展竞技运动的重要影响因素。在政府主导发展的竞技运动项目中，不同国家、地区竞技运动的管理体制的差异对该类型竞技运动的促进作用也具有差异性，当这种差异性积累到一定程度就会引起竞技运动竞争结构与平衡态势的改变。

管理绩效在很大程度上取决于适合的组织结构，这是管理学的一般原理。竞技运动的管理绩效也与竞技运动的组织结构直接相关。不同的竞技运动组织结构产生的管理绩效具有差异性，这种因组织机构差异造成的管理绩效的差异积累到一定程度也会引起竞技运动竞争结构与平衡态势的改变。

三、市场与政府共同主导发展形态的竞技运动竞争平衡影响因素分析

由于该类竞技运动是由市场与政府共同主导发展的，因此竞技运动的发展

受市场与政府双重影响。该类竞技运动的竞争平衡不仅受市场与政府因素的影响，还受市场与政府之间协调关系的影响。

首先，影响市场主导发展竞技运动竞争平衡的因素如经济体制、经济水平、经济发展速率与稳定性等也成为影响市场与政府共同主导发展的竞技运动项目竞争平衡的影响因素。另外，职业体育联赛的成熟度与发展进程等也成为其影响因素。

其次，影响政府主导发展的竞技运动竞争平衡的因素，如国家的稳定性、政府就竞技运动的价值取向、竞技运动的发展目标以及竞技运动的行政管理体制与组织结构等，也成为影响该主导发展模式下的竞技运动竞争平衡的影响因素。

最后，由于受市场与政府的共同主导，二者之间的协调关系也成为影响该主导发展模式竞技运动竞争平衡的影响因素。如果市场主导与政府主导处处矛盾，会造成双方的功能失效最终影响竞技运动的发展直至影响竞争平衡的态势。由于市场主导的系统开放性与政府主导的系统封闭性具有差异或者说相互矛盾，这种先天上的不足必然成为竞技运动竞争平衡的重要影响因素。

本章小结

本研究依据竞技运动组织模式、价值取向将竞技运动分成市场主导、政府主导以及市场与政府共同主导的三种发展形态。不同发展形态的竞技运动在系统特征、运行特征、项目特征上具有差异性。

就市场主导发展形态的竞技运动而言，以职业化和商业化为主要特征的职业体育联赛与同类项目的国家竞技水平具有较高的相关性，职业体育联赛的地理分布、发展历史、组织运营模式等影响着竞技运动的竞争结构和平衡态势；由于市场主导发展形态的竞技运动是市场经济发展的产物，因此影响经济发展的诸多因素成为影响该发展形态的竞技运动影响因素，这些因素在不同国家或地区作用能力的不均衡性和动态变化性是造成该形态的竞技运动竞争呈现动态平衡演变的重要原因。政府主导发展形态的竞技运动受国家政治、经济、文化的限制，因此不同国家和地区政治体制、经济水平、政府就竞技运动的价值取向以及发展目标的差异性和动态变化性造成了该类型竞技运动发展动力与作用绩效的动态变化，最终造成该类竞技运动竞争的动态平衡演变。而市场与政府共同主导发展的竞技运动竞争平衡受市场主导与政府主导双重因素的影响，而且这两种主导机制的协调关系也是重要的影响因素。

本章在竞技运动主导发展形态分类的基础上对竞技运动竞争平衡的影响因素进行分析。受政治体制、经济体制以及地区文化差异的影响，当前竞技运动不存在绝对统一的主导发展模式，同一竞技项目在不同国家或地区的主导发展模式也可能不同，竞争系统外部环境的差异使竞争系统的要素模块也会产生变化，竞争关系显得更为复杂。但随着世界各国之间经济全球化发展、文化融合趋势不可阻挡、政治体制互相渗透，竞技运动主导发展模式会逐渐趋于统一化，而这是本章研究的意义所在。

第五章　竞技运动竞争平衡机制分析

第一节　竞技运动竞争系统的要素构成

要素是指事物必须具有的实质或本质、组成部分。对要素的归纳是研究竞技运动竞争平衡机制的第一步。本研究在专家访谈结果汇总的基础上对相关文献资料进行归纳总结，认为竞技运动竞争系统主要由项目基础要素、竞赛要素以及外部保障要素三大板块构成（图 5-1）。

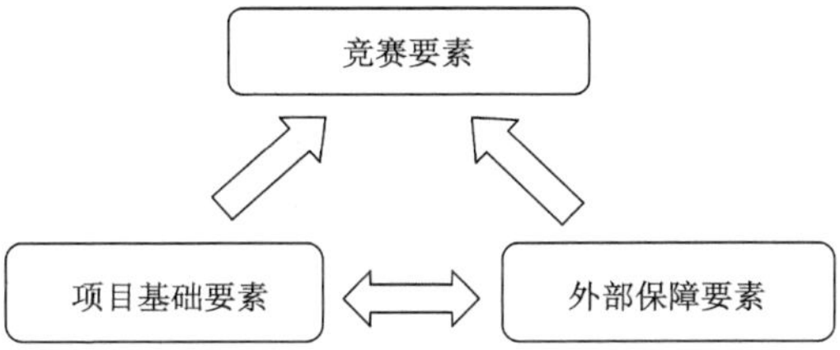

图 5-1　竞技运动竞争系统要素板块构成图

竞技项目作为一种社会存在有其根源性和历史性，诸多客观的、稳定的且与竞技项目紧密相关的要素在一定程度上是引起竞技运动竞技优势分布差异化的本源，因此这些要素被称为竞技运动竞争系统的基础要素。竞技运动竞争平衡态势是由竞技优势的分布与变化来体现的，而竞技优势是通过竞赛主体的竞技来获得的，围绕竞技主体竞赛的系列要素构成了竞赛要素，竞赛要素是引起竞技优势变化的主要原因，是竞技运动竞争系统的核心要素。竞技运动存在与发展的外界环境与竞技运动项目以及竞争主体随时发生着能量交换，扮演着系统变量的角色，因其保障性的特征被称为外部保障要素。

一、项目基础要素

项目基础要素是与竞技项目紧密联系的要素，是作为一种客体存在并对竞技项目竞技优势分布起着制约性的要素，包括地理环境、人种、项目文化等。

地理环境尤其是自然环境，例如气候、海洋与陆地特征等，很难轻易改变。地理环境对人种、项目文化产生着重要影响，是导致竞技项目特征差异化与多样化的一个重要因素，在很大程度上影响着特定竞技项目竞技优势的分布。例如冰雪项目的竞技优势主要分布于北欧与北美地区，而不会主要分布于非洲与大洋洲，这是因为这一项目运行必须需要冰雪的地理环境，没有这一自然条件的地区不仅很难取得竞技优势，甚至开展都是非常困难的。

人种是具有共同遗传体质特征的人类群体，不同人种的身体在生物学特征上具有差异性并通过基因遗传维持着这种差异性。不同竞技项目对身体形态与机能要求不同，尤其是那些对身体形态与身体机能依赖较高的体能主导类项目。而不同人种的人体生物学特征与竞技项目对身体形态与机能的匹配度造成了竞技能力的差异，最终影响竞技优势的分布。例如，在身体形态上，黑种人的坐高/身高的比值小于白种人与黄种人，这有利于黑种人奔跑和跳跃但却制约了其举重能力；在脂肪与肌纤维比重方面，黑种人身体脂肪比重低，虽然有利于冲刺但却因身体飘浮问题而制约了游泳能力；黑种人相比于白种人的足底屈肌强度也较大，具有更好的爆发力和弹跳力。

项目文化与竞技项目的起源地、发展历史以及群众基础有着密切的联系，对竞技运动竞技优势的分布也起着重要的影响。项目的起源地是竞技优势转移的起点，其自身也往往掌控着该项目发展与管理的主导权；项目的发展历史在技战术等经验量的积累上也占据优势，其项目的发展进程也有差异；项目文化对项目的发展起着重要的引领作用并且是形成群众基础的核心要素。目前国际主流的竞技项目主要起源于西方国家，一些大赛的项目设置也多数为西方进行的项目，主流的体育文化也属于西方的体育文化，因此，西方国家在很多综合性大赛设置的项目如奥运会上占有领先优势。

二、竞赛要素

竞赛要素是围绕训练与参赛展开的、以人的参与行为存在的要素，是获得竞技优势的必不可少的过程要素，也是竞争系统的核心要素。竞赛要素包括后备人才培养、训练、参赛、管理、科研与医疗及生活保障等。

后备人才是竞技运动可持续发展的本质要素，是竞技优势获取与维持的基础，因此后备人才这一环节是影响竞技优势变化的基础变量。它包括后备人才的选材、培养两个子要素。其中后备人才的选材是一个竞赛过程的起点，是运动训练的起始性工作，而培养是最后获得竞赛能力的关键，后备人才的培养实际上是一个“选”“育”结合的过程。后备人才的选材对后期运动训练具有重要影响，科学性的选材不仅能够提高运动训练的成材率，而且能节省大量的社会资源。其实后备人才不仅包括运动员与教练员，还包括其他参与整个竞赛过程的服务人员，对后备人才的培养不能只集中在运动员与教练员身上，也要重视其他参与主体的培养。

训练是竞赛前的前期准备，是培养竞技能力的重要途径，亦是获得竞技优势的重要内容，因此在竞技运动竞争系统中具有重要的地位，也属于竞赛的基础要素。训练包括训练理念、目标、内容、方法、手段等子要素，而这些子要素都对竞技优势的转变产生重要影响。

参赛是发挥竞技能力，获取优胜，最终实现竞技优势的最后途径。通过训练获得的竞技能力只有通过参赛才能转换成为竞技优势，因此参赛是必不可少的系统要素。根据对制胜因素、竞争格局影响因素以及竞技优势转移因素的梳理，我们发现技战术的创新与应用、核心技战术的掌控以及高科技运动装备的使用等因素是造成竞技项目制胜、竞争格局变化以及竞技优势转移的重要因素。这些因素虽然在训练这一环节已经出现但却具有一定的保密性，只有在参赛这一环节才被充分展现出来并成为影响竞赛结果、格局变化甚至竞技优势转移的关键要素。

例如乒乓球竞技优势转移的三个阶段，在第一个欧洲垄断阶段（1926—1951 年），世界乒乓球发展的 3 项技术创新中，2 项是匈牙利发明的；在第二个阶段的日本崛起与全盛阶段（1952—1960 年），5 项乒乓球技术创新中有 3 项是日本发明的，而在第二阶段的日中竞争时期（1961—1966 年），6 项创新技术中国队发明了 5 项，日本发明了 1 项；而进入第三个中国全面发展与垄断阶段（1967 年至今），中国创新的技术远远领先其他国家和地区，并继续保持着技术创新的领先性。新科技产品的使用为竞技战术的创新带来了条件，例如在世界乒乓球竞技优势转移的第二阶段，日本就是利用奥地利人发明的海绵球拍发明了中远台单面长抽技术打法，进而确立日本在这一阶段的领先地位。在网球领域，1967 年第一支金属网球拍“T2000”在美国生产并被美国选手康纳斯使用。使用这种球拍，康纳斯拿下了 5 座美国公开赛男单的奖杯，大量美国选手开始使用新材料球拍（1980 年美国维尔胜公司研制了第一支碳素球拍），帮助美国在 20 世纪 70 年代迅速确立竞技优势的领先地位。

管理绩效的差异不仅给竞技能力提高带来影响，也会直接导致竞技优势的获得与转移。因为无论是后备人才的培养、运动训练，还是运动竞赛，都必须在专门的管理体制组织下才能得以实施并得到理想的效果。管理要素贯穿竞赛环节的整个过程，不论是运动员与教练员的选拔机制、培养模式，还是项目发展的政策导向甚至是整个竞技体育体制，都是一种管理方式或者制度的体现。管理是竞技目标和项目发展目标实现的操作方法，其管理的科学性与适用性是影响竞技优势获得或转移的重要因素。例如国家队运动员与教练员的选拔、赛前集训、赛前动员等都属于管理的范畴，而这些早已被证明是许多国家国家大赛取得好成绩的重要方法。

体育科学研究贯穿竞技运动的始终，它是各种竞赛模块转化为最终竞技优势的催化剂。体育科学研究不仅为新技术、新器械的发明提供支持，也为选材、训练、参赛提供新理念、新理论，是科学化训练与参赛的重要变量。例如运动训练学、运动生理学、运动选材学、运动竞赛学等等理论的研创为发展竞技运动、取得竞技优胜提供了技术手段和操作途径。科学研究在整个竞技运动发展与竞赛的作用体现不一一列举，有人说当前国家间竞技运动之间的竞争已经转变为国家综合国力与科学技术的竞争，这恰恰凸显了科学研究在整个竞技运动竞争系统中的重要作用。如果说医疗保障是运动员竞技能力提高与维持的重要条件，生活保障则是运动员竞技能力提高的动力。总之，科研、医疗及生活保障要素实际上是竞赛模块的内部保障因素。

三、外部保障要素

外部保障模块虽然并不直接参与竞技运动的竞赛环节，但却是项目发展、竞技优势获得的外部保障，它包括政治环境、经济环境、文化环境等。

政治制度影响着一个国家竞技运动主导发展的模式、竞技体育体制以及竞技运动发展的政策导向，例如集中性的政治制度更易造就政府主导竞技运动发展模式，最经典的便是“苏联模式”的诞生和起到巨大的作用了。经济制度对市场主导竞技运动发展起到决定性的作用，经济水平又是竞技运动各方面经费来源的重要保障，是发展竞技运动获取竞技优势能力的体现。民族文化或者社会文化是项目文化的上层体系，对竞技运动项目的发展具有选择性，也是造就项目群众基础的引导力量。

第二节　竞技运动竞争平衡的机制

系统平衡是指系统内各要素相互协调互补，使系统结构优化、功能正常的一种过程或相对稳定的状态。这一概念本是从系统论的角度来定义的，而竞技运动系统的开放性、要素之间非线性关系以及最初的远离平衡态的特征使得该系统属于耗散结构，因此可以利用系统的自组织与他组织理论来解释竞争平衡的机制。

一、竞争平衡机制分析的理论基础

（一）竞技运动竞争系统是一种耗散结构

耗散结构理论应用于我国体育科学研究 30 多年时间里取得了不少的研究成果，例如竞技体育属于耗散结构，其发展的动力来自于外界系统不断地进行熵的交换；竞技能力系统属于耗散结构，具有“稳态—失衡态—稳态”的变化规律；体育系统具有开放性与有序性；体育管理系统具有稳定而有序的耗散结构；等等。从诸多的研究文献来看，竞技运动是一个具有耗散结构特征的大系统，而单就由竞争相关要素构成的竞争系统而言同样属于耗散结构，具体论述如下。

1. 竞技运动竞争系统具有开放性

系统开放性是耗散结构的主要特征之一，是耗散结构形成、维护和发展的首要条件。系统的开放性表现为系统向外界环境开放并不断与外界环境进行物质、能量、信息交换。竞技运动本身是人类社会实践的结果，它在产生和发展的过程中不断不断与外界环境发生作用，例如竞技运动与经济活动的融合使竞技运动出现了职业化和商业化的组织形式，政治对竞技运动的干预一方面使竞技运动获得了巨大的发展动力，同时也使国际性的体育赛事带有国家主义的色彩，等等。竞技运动与外界发生各种各样的关系，其本质是竞技运动竞争系统的核心要素——人，是一个社会的人，人无时无刻不在与外界发生各种信息交流、物质能量交换以获得生存和发展的条件。例如一个参与竞技运动的团队，他们要时刻关注对手、了解竞争对手，从而采取相应的策略；作为一个政府主导竞技运动发展的管理层，他们要时刻了解国家、社会对于竞技运动需要什么，从而采取相应的发展策略。正是因为竞技运动的存在和发展离不开各主体的参与，不得不与外界进行物质、能量、信息的交换，所以竞技运动竞争系统是一个开放的系统。

2. 竞技运动竞争系统远离平衡态

远离平衡态是指系统内可测的物理性质极不均匀的状态，这在物理学领域针对物体的物理特性如热量、力、酸碱度等等是比较好理解的，因为这个要素比较单一且可以通过相关仪器的测量来判定，但当用它来描述社会学领域内的系统特性时就有一些困难。竞技运动作为一个系统，其内部是由多种类、多属性的要素构成的，用不具有同一属性的要素判断他们是否均匀是比较困难的，只能通过系统的本体要素的物理性质的均匀程度来判断。竞技运动比较直观的观测要素是竞技优势，我们研究竞技运动发展的态势往往通过竞技优势分布的变化来描述，因此竞技优势可以用来描述不均匀状态的本体，而且这种可以观测的本体的差异是可以流动(变化)的，不均匀的状态是因为这种“流动”的行为造成的，而这种“流动”恰恰是因为与外界进行能量、信息等交换造成的，而这也反映了系统开放性的特征。

因为地理环境、人种及项目文化等基础要素的影响，再加上政治、经济、文化、科技、教育等外部要素的制约，竞技运动的竞技优势在地理区域范围内的分布是不可能均匀的，又因为系统参与主体的数量不能长久保持一致，这也造成竞技优势的分布不是固定不变的。因此这种竞技运动属性的不均匀特性以及流动的特征，使得竞技运动竞争系统远离平衡态。

3. 竞技运动竞争系统具有非线性作用机制

非线性作用指系统中要素内存在的相互作用的关系，这种关系是不按比例、不成直线、不确定的关系，用以描述这种相互作用关系的数学方程式是非线性微分方程。在竞技运动竞争系统中，非线性作用是非常普遍的。例如，一个地区的经济水平对竞技运动优势的获得具有作用，但不是经济越发达所获得的竞技优势就越大，经济欠发达的地区也能获得较大的竞技优势；政府对竞技运动的干预可以促进竞技运动的发展，但持续加强的干预却不能获得成比例的效果，这种各要素相互作用的关系并不是直线的关系，它存有大量的不确定性。

4. 竞技运动竞争系统具有涨落现象

竞技运动竞争态势呈现了“垄断—均衡—垄断”的动态变化过程，而在竞技优势分布上则表现出“集中—分散—集中”的动态过程。当竞技优势集中于某一区域时，对于这一区域来讲呈现“涨”的现象，当这一区域的竞技优势集中效应消失后；这一区域的竞技优势又呈现了“落”的像。在竞技运动的发展过程，这种“涨”“落”现象不断地出现和转变。

普里戈金认为涨落是有序形成的方式，它在有序形成的过程中起着极其重要的作用，当涨落扩展到整个系统时，这样的涨落能够对系统全局的演化起到决定性作用。涨落以既是干扰者，又是引导者、建设者的身份，改变了系统均值，导致了系统新的有序结构的形成。[①]但并不是所有的涨落都会产生有序结构，普里戈金认为在一定阈值范围涨落可能引出新的状态，这种新的状态通过能量耗散作用而稳定下来。但当引起涨落的外界输入超出耗散作用的消耗时，这种新的有序结构不可能稳定下来。在竞技运动的发展过程中，外界干预的能量超出了该项目系统耗散作用的消耗时，可能会使这个竞技项目的系统失去向有序发展的能力甚至改变该项目的本质，造成项目的功能失效，失去了存在的价值。

（二）竞技运动竞争系统存在竞争与协同

1. 竞技运动竞争系统中竞争与协同的产生

系统各要素之间的自发的协同是自组织过程的基础，系统内各序参量之间的竞争和协同作用使系统从无序向有序发展。竞争与协同作为一种现象、一种机制广泛存在于自然领域和社会领域，同样也广泛存在于竞技体育领域。

竞技运动的本质特征是竞争，一个竞技运动系统中不仅广泛存在着利益主体之间的竞争，而且一个个竞技项目组成的系统为了自身的存在和发展，项目之间也广泛存在着竞争。竞争对竞技运动的发展起到了重要的推动作用，陈金祥认为，竞争是通过较量斗争的相互争胜方式，力图取得支配和主导地位的活动与过程，以最大限度地夺取目标资源（物质、能量和信息）为目的，以优胜劣汰为结果的一种行为。[②] 可见竞争只是一种行为形式，而取得主导地位或最大限度夺取资源满足自身的需要才是竞争的主要目的。

竞技运动是一个需要双方或多方参与竞争才能存在的一种人类活动方式，各主体因对手的存在而存在，围绕竞争主体而产生的各种要素也因主体的存在而存在。各参与主体在价值目标的导引下就有限的竞技资源展开竞争，以满足自身的需要，因此各主体为保障这种自身需要的有效性以及利益的最大化，必须维持竞技运动整体价值的存在和长效性。竞技运动自身失去了价值，竞争也就失去了意义。而协同的出现为维持系统整体的有效性和价值性提供了可操

①谭长贵：《关于系统有序演化机制问题的再认识》，《学术研究》2004 年第 5 期，第 40-45 页。

②陈金祥：《也论竞争和协同——兼与曾国屏同志商榷》，《系统辩证学学报》1998 年第 1 期，第 30-35 页。

作手段，能够满足竞争主体不断的价值需求。所谓“协同”，通俗地讲就是“1＋1＝3”，陈金祥认为，协同是通过联结、合作、协调、同步等作用方式，以平衡有序的结构为特征，以获取最大的目标资源为目的，以比竞争耗散更小、效益更大为前提，以相互促进、共同发展为结果的一种作用方式。[①] 竞技运动的竞争主体通过协同获得的利益超越了自身单独作用所获得利益，从而能够长效地满足自身的需要。

2. 竞技运动竞争系统中竞争与协同的作用

对于竞技运动竞争系统存在的竞争与协同作用，本研究认为是竞技运动竞争系统内各类主体在对竞技价值追求的过程中，在共有价值的引导下以追求由这些主体组成的系统的整体平衡和有序结构为目标的一种行为规律，是竞技运动有序发展的一种机制，而对于这一机制的理解可以从以下几个方面进行。首先，在价值追求上各主体是相互关联的，这是竞技运动出现协同作用的基础；其次，竞技运动系统的主体可以是国家也可以是个人，但这种竞争与协同的关系主要局限于主体之间而不涉及主体的内部；再次，竞技运动的这种竞争与协同作用，强调的是双重作用，既强调竞争作用又强调协同作用，突破了以往竞技运动单纯强调竞争作用的局限性，这种双重作用可以把系统内的局部涨落发展成整个系统的巨涨落，从而引起系统向新的方向演化；最后，竞技运动类似于一个生态系统，各主体之间的竞争与协同是一个有机的、相互依存和相互作用的要素群，在这一个群落当中，各要素为生存与发展的需要不得不就稀有的竞技资源展开竞争，但又不得不通过协同来保存和扩大他们赖以需求的竞技资源。竞技运动系统中的竞争与协同机制，可以通过图 5-2 来揭示。

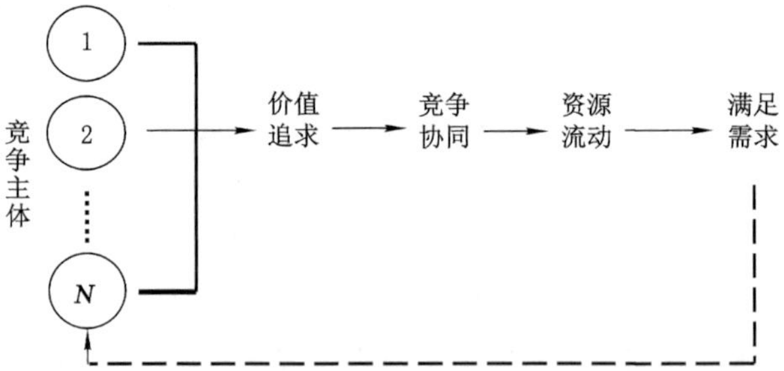

图 5-2 竞技运动系统中的竞争与协同机制

①陈金祥：《也论竞争和协同——兼与曾国屏同志商榷》，《系统辩证学学报》1998 年第 1 期，第 30-35 页。

二、竞技运动竞争系统平衡演化的过程

（一）竞技运动竞争平衡的动力来源

黄胜初(1993)、谢雪峰(2011)曾撰文写道竞争与协同是竞技运动的基本内容，竞技运动各要素之间竞争与协同的相互作用是竞技运动自组织演化的动力。竞争平衡是竞技运动系统内与“竞争”行为紧密相关的相互矛盾的诸要素以及辅助要素之间相互作用、相互协调从而使竞技运动总的状态保持相对稳定的过程，它包含了发展与进化的过程。而自组织演化的本质也是一种发展和进化，因此这两者的内涵是一致的。竞争与协同是竞技运动竞争平衡的内部动力来源，也是主要的动力来源，它决定了竞技运动系统的稳定性和有序性。其中，竞争的作用主要来源于竞争主体对竞技资源占有的差异性，这种差异性来自两个方面：一是竞技运动因项目特征、历史起源、地理条件、文化环境等项目基础要素造成的竞技资源分布的不均衡性；二是在竞技运动的发展、传播过程中竞争主体因综合实力、价值取向、组织管理体制等保障要素的不对称性所导致的发展差异。而协同作用主要来源于竞争主体所追求的价值具有关联性，这种关联性也来自两个方面：一是竞争主体基于共有的、具有相同属性的竞技运动价值的追求而产生的横向关联，例如都为满足民众对休闲娱乐需要的价值追求，这种协同使竞技运动的发展规模扩大；二是竞争主体基于不同价值追求而产生的纵向关联，例如政治价值与经济价值追求上的差异，双方需求没有冲突、各取所需，这种协同促进了竞技运动发展范围的扩大。

竞技运动系统规模和范围越大，占有的社会资源也就越多，而自身的价值也就越大。而随着竞技运动价值增加，其对竞争主体的吸引力也增加，参与竞争的主体数量也就越多，这就为竞争平衡提供了可能。竞争主体对价值追求的利益最大化是其生存和发展的必然要求，而竞技运动的价值分布过于集中或过于分散时，都会对竞争主体的参与意愿产生影响。一方面为了维持竞技运动的高价值性和长效效应，另一方面竞争主体为了获得竞技资源的最大化、满足自身发展的需求，这两者之间必然需要一种协调，而平衡就是其协调机制。

（二）竞技运动竞争系统内部的因果关系

竞技运动作为一个复杂系统，不仅含有的要素数量多，而且各要素之间的竞争与协同之间存在着复杂的因果作用关系，并通过正负反馈机制一方面使竞技运动不断调整自身的结构来适应环境，另一方面通过改造环境以适合自身的发展需要。正是正负反馈机制的作用使得竞争系统的演化格局呈现着多样性

和动态变化性。竞技运动竞争平衡研究的重点是它的态势变化过程，过程变化的原因是机制研究的重点，本研究尝试利用 Vensim 软件分析竞争平衡的动力因果关系，如图 5-3 所示。

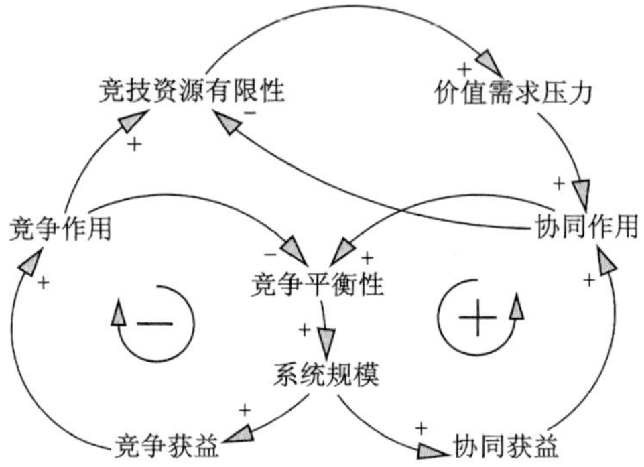

图 5-3　竞技运动竞争系统内部动力因果关系图

竞技运动的竞争平衡可以在没有外部动力的情况下自我演化，是系统自我组织演化的一种体现。竞技运动竞争系统内的主体通过竞争与合作的形式产生了复杂的因果关系，各种因果反馈关系的内容和形式揭示了竞技运动竞争平衡演化的内在推动力。各种因果关系形成的反馈回路主要有以下几条：

① 正反馈回路：协同作用→竞争平衡性→系统规模→协同获益→协同作用。

② 负反馈回路：竞争作用→竞争平衡性→系统规模→竞争获益→竞争作用。

③ 正反馈回路：协同作用→竞争平衡性→系统规模→竞争获益→竞争作用→竞技资源有限性→价值需求压力→协同作用。

④ 负反馈回路：协同作用→竞技资源有限性→价值需求压力→协同作用。

竞技运动竞争系统能够借助负反馈机制保持自身的稳定性、价值的长效性甚至增值，同时能够充分利用正反馈机制维持和促进系统的继续发展。竞技运动竞争系统中微小的或者局部的涨落能在正反馈的作用下被放大或者扩大到整个系统，从而转换成新的平衡态势。稳定和增长的相互作用使得竞技运动竞争系统能够稳步的发展，保持着竞技运动系统的良性生态。

（三）竞技运动竞争平衡的演化过程

竞争与协同是竞技运动竞争系统内部动力主要来源，它在系统内部推动着竞技运动的发展演化。由于开放系统的系统作用，竞技运动无时无刻不与外界环境(系统)发生能量、信息、物质等交换,外界环境(系统)的协同作用也给竞技运动系统提供了外部动力。竞技运动竞争系统在内部动力与外部动力的共同作用下向平衡的方向演化。内部动力主要包括竞争主体为满足自身需要而积极参与竞争的压力和协同竞争收益的吸引力;外部动力主要包括国际经济趋势、政治局势、文化环境、科技革命等带来的促动力和影响力。其中,内部动力是促进系统竞争平衡演化的主要因素,它在很大程度上决定着系统的演化方向和演化结果;外部动力是系统竞争平衡演化的辅助因素,它为系统的形成以及向新的平衡态势转化提供促发动力。竞技运动竞争平衡演化过程可由图 5-4 来表示。

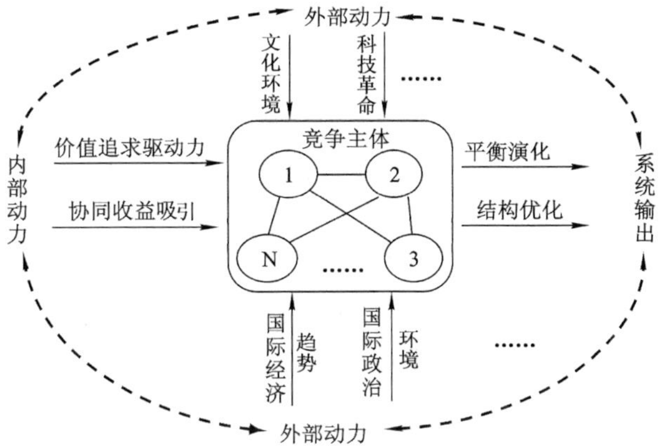

图 5-4　竞技运动竞争平衡演化过程图

三、竞技运动竞争平衡的调节方式与规律

(一) 竞技运动竞争平衡的调节方式

竞技运动竞争系统的演变是由内部动力与外部动力共同作用推动的,利用系统内部要素的相互关系,借助内部动力进行调节的方式,本研究称为自我调节方式。受限于系统内部要素间发生关系的范围以及内部动力来源竞争与协同的矛盾性的一面,自我调节只能在一定条件下和一定范围内起作用,本研究将这种临界限度称为"平衡阈限"。当竞技运动竞争系统的变动处于"平衡阈限"范围时,系统能够凭借自我调节方式不断调节、变动而维持相对稳定的系统状态。但当竞争系统的变动超出"平衡阈限"范围时就会出现失衡现象,系统自身的调节能力有限,必须依靠外部力量的调节,失衡的竞争系统才能重新恢复

平衡，这种借助系统外部力量、借助外部动力机制进行调节的方式称作外部调节方式。

自我调节方式通过竞技运动竞争系统内部各要素之间的相互作用、相互协调来实现竞技运动系统功能的正常化，这是系统自组织演化的一种机制。例如竞技运动系统内的优势竞技主体主动地通过技术共享、技术输出等方式实现让渡自身利益的行为，使其他竞技主体获得相对均衡的竞技利益以维持整个竞争系统的完整性，最终实现竞技运动的可持续发展和自身结构的最优化。

竞争系统的内部调节需要在一定的阈限范围内，当系统的失衡程度超出自身调节的阈限范围时，系统不能通过自身的调节方式实现平衡而需要借助外部调节方式，这种借助外部力量改变系统的结构、状态、行为的方式是系统他组织的一种表现。苗东升曾指出，凡进化出专门负责调节控制的子系统的系统，这种子系统对其他子系统就有他组织作用。①竞技运动发展到今天，大部分项目都进化成具有自我管理的机构（如项目管理协会），这些机构能够对竞技运动竞争系统发出指令，使竞争系统按照指令的方向演化。当竞技运动竞争系统长期处于失衡态势时，单纯依靠系统内部要素之间的相互作用而引起的自组织已不能满足系统对组织行为有效协调的要求，这导致竞技项目发展动力不足，甚至出现消亡的危机。在这种情况下，竞技运动竞争系统内部负责调节控制的子系统（项目协会）会通过人为的手段措施，如通过规则修改限制部分竞争主体竞技优势的垄断，通过国际大赛项目设置的增减调节项目自身价值的大小等再次创造一种协调的、更高层次的平衡态势。

竞技运动作为人类社会实践活动的一种形式，是自组织与他组织的矛盾统一，但他组织运动归根结底要在自组织运动的基础上进行，应遵循、适应、利用对象的自组织规律。②因此，竞技运动竞争平衡的演化虽然是自组织与他组织共同作用的结果，但自组织是演化的主要机制，产生于自组织的自我调节方式是系统平衡演化的主要调节方式。

（二）竞技运动竞争平衡的基本规律归纳

竞技运动竞争系统在内外部动力的推动下，在自我调节与外部调节作用下不断地进行着动态的平衡性演变。演变的规律总结如下。

① 竞技运动竞争越激烈，该竞技运动越趋于竞争平衡。参与竞争的主体会

---

①苗东升：《复杂性科学研究》，中国书籍出版社2013年版，第237页。

②苗东升：《系统科学精要（第3版）》，中国人民大学出版社2010年版，第312页。

增加,社会关注度提高,商机、文化等价值提升;由此竞争系统越趋于稳定与持久,该竞技运动发展持续力越长。

② 竞技运动竞争不激烈,该竞技运动竞争系统越易于失衡。参与竞争的主体会减少,社会关注度降低,商机、文化等价值降低;由此竞争系统的失衡态势越趋于稳定与持久,该竞技体育运动发展难以持续。

③ 竞技运动竞争系统失衡时,竞争系统可以借用内部动力,采取内部调节方式使系统恢复平衡态势。

④ 竞技运动竞争系统失衡的程度超出自身调节的阈限范围时,竞争系统可以借用外部力量,采取外部调节方式使系统恢复平衡态势。

⑤ 竞技运动竞争系统长期失衡时,会造成竞技运动价值降低而丧失竞争对手,竞技项目丧失竞争力,调节方式不到位或动力不足会造成竞技运动价值丧失,从而直接丧失市场。

四、不同发展形态的竞技运动竞争平衡演化机制分析

(一)市场主导发展形态竞技运动竞争平衡的演化机制分析

1. 市场主导发展形态竞技运动竞争平衡的动力来源

市场主导发展形态的竞技运动并不是从竞技运动起源时就开始了,这种发展形态的竞技运动是现代经济发展的产物。市场主导发展的竞技运动集娱乐性、竞技性、商业性三重特征于一体,其中娱乐性是其被社会需要的原因之一,竞技性是竞技运动的本质属性,而商业性是竞技运动经济价值的体现也是该类竞技运动发展的动力来源。市场主导发展的竞技运动的这三重属性所涉及的诸多要素之间的协调作用,是对该类竞技运动竞争平衡的要求。

首先,任何一种形态的竞技运动系统的内部要素都有发展的祈求和意愿。一个项目停滞不前必然被其他项目取代而消亡,优胜劣汰是自然界和人类社会发展的规律。竞技运动系统自身发展的要求是其竞争平衡的动力来源。

其次,竞技运动具有娱乐性。娱乐是指被设计给予观众乐趣的项目、表演或活动,而竞技运动的"表演本质"[①]正是其娱乐性的来源,竞技自诞生起就有其娱乐属性的存在。人对娱乐的需求是人生存、发展需求的必须要素之一,这也是竞技运动长盛不衰的重要原因。娱乐和生存性劳动是反比的关系,娱乐是与经济宽裕而不是经济贫乏有密切联系的,而随着现代经济水平和科技水平的发

①方千华:《竞技运动表演论》,福建师范大学 2007 年博士学位论文,第 6 页。

展，人们的生存性劳动比例已逐渐降低，这无疑增加了人们对娱乐的需求。人们对娱乐需求是增加的，但娱乐的项目数量在增加，方式也不断在变化，竞技运动的娱乐性面临着其他娱乐项目与娱乐方式的竞争，为维持高娱乐性的功能，提供必须对其竞争的结构和态势提出更高的要求，这迫使竞技运动不断向更高层次态势演进。因此经过层层的推演，竞技运动迎合人们对竞技运动娱乐的需要是对竞技运动提出竞争平衡的要求。

再次，商业化是以盈利为目的的行为，是经济活动中的常规行为。市场主导发展竞技运动是依据市场机制调配竞技资源，本身也属于经济活动的范畴，因此市场主导发展竞技运动与其商业化具有一致性。竞技运动由于能够满足人的需要，是以在经济社会中能够以商品的形式存在，因此具有经济价值的属性。竞技运动的商业化是对竞技运动经济价值追求的表现，商业化的操作主体对竞技运动经济利益最大化的追求是商业行为的本质特征。竞技运动的经济价值也由其竞争的表现形式体现出来，就如何达到经济利益的最大化也对竞技运动作为商品的质量提出了要求，而竞争平衡就是其“好质量”的一种表现。

2. 市场主导发展形态竞技运动竞争平衡的调节方式——以网球运动为例

市场主导发展的竞技运动往往以个人为参赛单位，强调个人对竞技运动价值的追求，这有别于以国家为单位参赛的竞技运动。它所强调的平衡更侧重于市场的协调性和项目的可持续发展性。

首先，网球属于技能主导类的竞技运动，受场地的地理环境影响较小，因此构成网球竞技运动竞争平衡的项目基础要素是项目文化。现代网球起源于英国，带有鲜明的西方文化特征，在西方体育文化向外扩张的过程中，网球项目的文化也被传播到外地。在当前西方竞技体育文化占主导地位的环境中，网球运动相比其他非主流文化的竞技项目更具吸引性，这就为网球运动的普及与发展提供了文化传播上的优势。作为网球运动的最高领导单位——国际网球联合会，在传播网球文化、普及网球运动过程中起到了重要的调节作用。1913 年成立的国际网球联合会的宗旨就是促进网球运动的普及与加强赛事管理，实施一系列项目推广的举措，如为发展中国家的网球教练开设培训班，每年组织 100 多项青少年网球锦标赛，组织以国际为参赛单位的戴维斯杯赛(男子)和联合会杯赛(女子)以及奥运会网球比赛等。国际网球联合会这一系列举措促进了网球运动的普及，提高了网球运动的世界影响力。1968 年国际网球联合会会员方有 91 个，而到 2011 年会员方已高达 211 个。

20 世纪 70 年代以后，温布尔顿等网球大赛取消了职业选手与业余选手的界限，职业网球巡回赛也逐渐成熟。允许职业选手参赛，这一改革增加了竞赛的激烈程度和热烈争夺的气氛，促进了网球竞技水平的提高，从而激发了更多广大网球爱好者从事该项运动的热情以及观看、评论网球比赛的积极性，为网球运动的商业化运行提供了基础条件。与此同时，男子职业网球协会与国际女子网球协会的成立，在协调职业运动员和赛事之间关系的同时也为网球运动在世界范围内的扩展做出了贡献。例如，在 1970 年男子职业网球协会成立之前，全球只有 23 站职业网球赛事，全部分布于欧洲、北美洲以及大洋洲的 14 个国家(表 5-1)，且赛事冠军全部来自这些地区，网球的竞技优势也主要分布于这些地区。男子职业网球协会成立之后，积极拓展网球赛事在全球范围内的地域分布，截至 2014 年 2 月，全球已有 65 站 ATP250 级别及以上赛事，相比 1970 年新增加了 42 站，新增拥有职业赛事的国家 12 个，尤其是在非洲、南美洲和亚洲 ATP250(包含 ATP250 级别)以上的全部职业赛事均是在 ATP 的支持下成立起来的。由于职业联赛数量的增加、区域分布更加广泛，世界网球的竞技态势虽然经历了由美国占主导多方竞争的态势，但自 20 世纪 90 年代末已呈现出多极竞争的平衡态势，国际大赛上也越来越多地出现南美洲、亚洲、非洲球员的身影。

表 5-1　1970 年前后世界网球职业赛事分布对比表

区域	1970 年前赛事分布		1970 年后增加的赛事分布（截至 2014 年 2 月）	
	赛事数	国家数	增加的赛事数	增加的国家数
北美区	9	2	5	1
西欧区	10	9	17	0
大洋洲区	3	2	1	0
非洲区	0	0	2	2
东欧区	1	1	4	1
南美区	0	0	4	4
亚洲区	0	0	9	6
合计	23	14	42	12

数据来源：ATP 与 ITF 官网赛事数据库。

ATP 等职业赛事的增加是市场主导的竞技运动系统内部要素自身发展的需要，一方面它们需要拓展更大的市场以提高自身的世界影响力，另一方面它们也需要更多的高水平的职业选手参赛以提高网球竞技的水平，提高自身的竞争力。而当代经济发展的全球化趋势为网球运动的传播和普及提供了环境支持，亚、非、拉国家政治上的独立与经济上的快速发展以及与西方国家经济交流的紧密性，都为网球运动在这些地区的成长与发展提供了土壤。这首先保障了项目发展的普及性，随后网球运动的高价值性和影响力也越来越吸引世界各地的青少年参与到这项运动当中，网球后备人才发展也呈现出均衡性，再加上新兴起的职业联赛经过多年优势积累也为网球竞争系统的结构优化提供了保障。

（二）政府主导发展形态的竞技运动竞争平衡演化机制分析

1. 政府主导发展的竞技运动竞争平衡的动力来源

除了项目自身存在发展的要求之外，竞争主体对竞技运动的价值追求也是政府主导发展的竞技运动竞争平衡演化动力的来源。

政府是国家权力机关的执行部门，是国家公共行政权力的象征、承载体和实际行为体。政府主导发展竞技运动是其制定和实施公共决策的职能表现，其行为目标是公共利益。国家作为最大的公共体，具有绝对的公共性，因此政府主导发展竞技运动的目标在一定程度上指向国家的整体利益，即满足国家整体利益或发展战略的需求。充分利用竞技运动的多重价值满足公共利益或国家利益的需要是政府主导发展竞技运动的目的，但竞技运动作为一项由多方竞争主体参与才能体现价值的社会活动，在国际领域表现出的价值往往通过与其他竞争主体之间的竞争才能体现出来的。竞争主体关系的不同表现形式决定了竞技运动价值的大小和类型，也就要求各竞争主体在对竞技运动价值追求的过程中合理地协调各方关系，以获得最大程度的利益。

如果项目长期竞争不平衡，处于长期明显劣势的一方无法获得竞争的利益，参与项目竞争的积极性必然降低；而处于明显的优势一方也会因此失去在态势下获得的利益，失去建立更高层次竞技能力系统的动力，最终影响竞技水平的进一步提高。与此同时，参赛运动员实力悬殊导致比赛竞争性降低、观赏性下降，对于观众等相关群体的吸引力也随之下降；长此以往，项目的持续发展就会缺乏足够的动力，最终陷入落伍的境地。[①]竞技项目价值的降低或消失都不利于各竞争主体的利益，因此不论是哪一方的竞争主体都需要协调与其他竞争主体的关系，需要协调关系的要求就是一种动力。

---

①徐刚：《竞技运动项目发展过程中的垄断与均衡再造》，《北京体育大学学报》2004 年第 12 期，第 1693-1694、1707 页。

2. 政府主导发展的竞技运动竞争平衡的调节措施分析——以乒乓球运动为例

虽然当前世界乒乓球职业巡回赛开展得如火如荼，但因乒乓球职业巡回赛成立时间短、世界影响力小、市场价值有限，不论是在亚洲还是欧洲乒乓球都还不是一个具有很高的市场化和职业化程度的运动，市场还不足以完全主导乒乓球运动的发展。当前乒乓球的竞技优势主要集中于中国与部分欧洲国家，而当前中国的竞技体育体制还是政府主导型，欧洲具有一定竞技优势的国家如德国，其项目发展的经费大部分也来自政府投资，所以当前乒乓球运动发展模式虽然在向市场化转型但还处于政府主导发展的阶段。

根据本书第三章乒乓球竞技优势转移轨迹的分析，世界乒乓球竞技运动的竞争态势经历了匈牙利垄断失衡→欧洲多极竞争平衡→日本垄断失衡→日中竞争近平衡→中欧对抗近平衡→中国垄断失衡的过程。世界乒乓球竞争态势呈现了多竞争态势变化的动态过程，这一过程是乒乓球竞争平衡演化的体现，是项目自身发展以及竞争主体对项目价值追求的结果。

首先，乒乓球发源于英国并由西欧传入东欧，在1952年之前几乎所有的世乒赛的举办地都在欧洲尤其是东欧地区，参赛选手也绝大部分来自欧洲，这一时期乒乓球竞技优势分布在欧洲是由乒乓球普及区域决定的。需要特别指出的是，这一时期的乒乓球强国和世界冠军大部分来自东欧，属于苏联的社会主义阵营国家。这些社会主义阵营国家的竞技运动体制大都属于或者类似于“苏联模式”。竞技体育制度上的差异可为乒乓球运动在东欧地区及苏联地区的快速发展取得竞技优势提供制度上的保障，而且相同的社会意识形态也为乒乓球在东欧地区的快速发展和相互交流提供了环境。东欧与西欧体育制度上的差异在一定程度上使乒乓球出现匈牙利垄断失衡态势，而东欧国家相似的社会意识形态和地理条件又为乒乓球向多极竞争的平衡态势转变提供了外部环境保障。

其次，1952年之后世界乒乓球锦标赛首次在亚洲国家印度举办，这也是乒乓球在亚洲普及尤其是在日本和中国普及的标志。第二次世界大战后，日本在乒乓球新技术上的创新使其快速地获取了乒乓球的竞技优势，并据此形成了日本垄断的失衡态势，同时也使乒乓球的竞技优势由欧洲转向亚洲。中国的乒乓球在这期间得到快速的发展，可能来两方面的原因，一方面可能是广泛普及于东欧及苏联社会主义国家的乒乓球对当时的中国更具有亲和力，中国更容易与这些国家在该项目上交流；另一方面可能是乒乓球对场地器材相对较低的要求符合中国当时的经济水平。随后中国在乒乓球技术上的创新、第一个世界冠军的鼓舞、体育体制上支持以及广泛的群众基础,使世界乒乓球的竞争优势逐渐转向中国。乒乓球成为奥运会项目以及中国“奥运争光计划”的强力刺激,最终形成了中国垄断的失衡态势。

针对中国在乒乓球技术上的垄断,乒乓球的竞争系统不断通过各种平衡调节机制来改变这种失衡的态势。首先,作为乒乓球主要管理机构的国际乒联,不断更改竞赛规则,例如通过了 40 毫米大球改革方案、实行 11 分制、规定无遮挡发球、缩减奥运会单打名额等。国际乒联主席沙拉拉曾直言不讳地承认这些改革为了项目的可持续发展,国际乒联技术委员会主席姚振绪也说过“如果乒乓球不能在全球平衡发展,这项运动的地位就无法提高。中国作为乒乓球大国,有责任帮助其他国家和地区提高乒乓球水平。”① 2009 年蔡振华提出的“养狼计划”“建立欧洲乒乓球学校”等一些措施,旨在帮助全世界乒乓球运动员提高水平,以促进乒乓球运动在世界范围内的整体发展,体现了乒乓球项目自身的发展以及竞争主体对项目价值的追求。

最后,国际乒联于 1996 年推出世界乒乓球职业巡回赛,旨在发展成像网球职业巡回赛一样的国际性赛事,到 2014 年乒乓球全年赛程达到 34 站,赛事已广泛分布于亚洲、欧洲、南美洲、大洋洲、非洲的 27 个国家和地区。国际乒联一直寻求乒乓球运动的持续发展和世界范围普及的意图和措施,将逐渐促进世界乒乓球运动的平衡发展。

（三）市场与政府共同主导发展的竞技运动动力来源与调节方式简述

市场与政府共同主导竞技运动发展的本质是竞技运动项目的竞技特征与竞技运动的管理主体对其多种价值追求的结果。该类竞技项目的竞争平衡的动力来源结合项目自身发展的要求、市场的要求以及相关政府部门对公共利益或国家利益的追求。由于是一种混合型的主导模式,其平衡的调节措施更为广泛,有市场调节方式也有行政调节的模式。由于市场主导与政府主导的动力来源以及调节方式在前面两个部分已进行阐述,在此不再详细列举。

本章小结

竞技运动竞争系统由项目基础要素、竞赛要素以及外部保障要素构成。项

①《马琳大力在欧洲都算新秀　倾斜格局威胁乒乓奥运地位》,《辽宁日报》2008 年 2 月 27 日。

目基础要素是竞技运动竞争系统的基础要素，包括地理环境、人种、项目文化；竞赛要素是竞争系统的核心，包括后备人才培养、训练、参赛、管理、科研与医疗及生活保障；外部保障要素是竞争系统演化的外部保障，包括政治环境、经济环境、文化环境三大保障要素。

竞技运动竞争系统的开放性、非线性作用、远离平衡态以及存在涨落现象的特征使得该系统属于耗散结构，竞争平衡的演化机制实质上竞争系统自组织演化的过程。系统内要素之间的竞争与协同是系统向平衡性演化的动力来源，动力来源可以分为内部动力与外部动力两种，其中内部动力主要包括竞争主体为满足自身需要而积极参与竞争的压力和协同竞争收益的吸引力；外部动力主要包括国际经济趋势、政治局势、文化环境、科技革命等带来的促动力和影响力；内部动力是促进系统竞争平衡演化的主要因素，它在很大程度上决定着系统的演化方向和演化结果。系统内竞争主体的因果关系可以由四条反馈回路来表示，系统能够借助正、负反馈机制保持自身的稳定性，促进系统的继续发展。

竞技运动竞争平衡的调节有自我调节和外部调节两种方式，其中自我调节是竞争系统平衡演化的主要调节方式，但自我调节只能在一定的阈限范围之内起作用，超出自身调节的阈限范围时需要借助外部调节方式。

第六章 竞技运动竞争平衡对竞技运动相关冲突的消解

第一节 竞争平衡对“强调夺标”与“鼓励参与”冲突的协调

经过百年的发展，现代奥林匹克运动确立了世界性文化体系并成为现代体育的核心，引导了现代体育的发展。奥林匹克以其独特的、丰厚的文化内涵影响着全世界的体育思想，以其独特性、象征性、高雅性和丰富性为特征的文化力量影响着人类的行为意识、伦理道德、心理情感、审美情趣等。正是这一具有巨大影响力和征服力的竞技运动表现形式，才使得竞技运动汇入了世界和平、进步、团结的洪流。总之，集海洋文明与工业文明成果于一身的奥林匹克运动，其影响风靡全球、深入人心，已经成为竞技运动的代名词。本章研究竞技运动夺标与参与的冲突关系主要通过现代奥运会的理想与现实冲突来论述。

奥运会是竞技实践的代表，奥运会旨在通过公平竞赛，达到教育青年的目的，最终实现世界和平的理想，它具有明显公共体育精神的特征。奥运会既不是一般的社会活动，也不是单纯以夺标为目的的训练和比赛，而是赋予了竞技育人的基本内涵。顾拜旦在现代奥运会发展初期提出了全民意识的奥运思想，主张一切体育为所有大众；顾拜旦还指出，体育是一种不受职业限制、所有种族与所有人平等享有的、不可替代的特权。也就是说，体育是大众广泛参与的运动，广泛参与不仅是奥林匹克运动的基础思想，也是现代竞技运动的重要思想。但奥运会广泛参与思想的实践在奥运会的生存和发展过程中遇到种种障碍，受到了政治、经济、文化等因素的干预，尤其是现代职业运动员的介入使奥林匹克竞技运动变成了少数人的竞技，奥运会选手成了国家、地区或者集团的代表，尤其是发展到现在奥运会选手成为专门培养的、具有可能获得优胜资格的人。竞技运动强调夺标与鼓励参与的矛盾日益凸显。

一、现代奥林匹克思想的道德基础

顾拜旦的奥林匹克理想有两个基本的道德支柱，一个是奥林匹克格言“Citius, Altius, Fortius”即“更快、更高、更强”，这是顾拜旦在奥运会哲学或教育功能的基础上发展而来的；另外一个是奥林匹克座右铭“The most important thing in the Olympic Games is not to win but to take part.”即“参与比获胜更重要”，也即“参与是最主要的”。之所以说“更快、更高、更强”与“参与比获胜更重要”是一种道德标准，是因为顾拜旦的奥林匹克思想是在挖掘古代奥运会精神的基础上提炼出来的。第一届现代奥林匹克运动会开幕时，希腊国王乔治一世在开幕词中也提到了体育运动的道德观念。什么是体育运动的道德观念？这应该追溯到古代奥运会精神建立围绕的原则。

（一）古代奥运会精神的道德原则

古代奥运会的精神与古希腊的教育思想“kalokagathia”息息相关，“kalokagathia”是一个来自古希腊语的复合词，这个词本身被教育界的学者和教师广泛熟知，它是由“kalos”（美）和“agatos”（善）以及连接词“kai”构成的，但在现代的语境中很难用现代语言解释出来，这个概念一般理解成“美即善的东西”。在古希腊语中 kalos 这个词意味着欢呼，其内容包括 vivatl（钦佩）；agatos 这个词，另一方面代表着高贵的起源，或者可以说是一种贵族慷慨。Kalokagathia 是美与善的结合，美与道德的结合，隐含了身体和体格的完美、伦理的纯洁以及道德标准知识。因此把这些联系在一起就很明显，古希腊的教育思想深深植根于道德、慷慨和善良，属于伦理道德范畴。

希腊人把“kalos”和“agatos”作为等同的东西或者至少是永远一致的东西“Kalokagathia”来追求，这一思想原则深深地烙印在古代奥运会上。古代奥运会中的运动员、教练、一般的自由公民，如果他想符合希腊的道德标准，必须向“kalokagathia”看齐。事实上“kalokagathia”和所有其他的道德标准与奥运有关的想法仅适用于希腊人的一小部分，所有这些机会都仅提供给完全自由的公民，它并没有扩散到奴隶。

回到古代奥林匹克精神的本质，我们可以说，只有那些高素质的古代奥运会竞技者才符合“kalokagathia”的理想。从最初的纪念宙斯之神这一宗教启动仪式发展而来的古代奥运会，通过展现“kalos”和“agatos”、纯洁的伦理和高水平的意志力来符合古代奥运会的精神。在古代奥运会上，对“kalos”的追求是通过完美的身体来体现的。它一方面通过运动员身体的力量体现出来。古代奥运会的运动员必须经过医师的检验，证明其体格健全方可参赛；参加比赛之前，所有运动员必须集中到奥林匹亚的健身房训练，只有体能和技能都能符合奥运会的比赛标准才能最终参加比赛。例如赤裸身体的摔跤和拳击以及武装赛跑等无不体现出身体的力量之美。另一方面通过身体和谐的美表现出来。通过裸露身体并在体表涂满橄榄油以展现健美的肌肉、动人的姿态以及男性特有的美，古代奥运会比赛时运动员赤裸身体意味着向天神贡献礼物，古代奥运会鼓励对男性身体进行美感评价。古希腊雕塑家米隆的世界著名雕像《掷铁饼者》被公认为希腊古典艺术的杰作，这尊雕像生动地表现了掷铁饼者健美的肌肉和力量，运动员即将投掷铁饼的激烈紧张与平静从容的面部表情结合在一起，达到了巧妙的和谐，表达出掷铁饼者高度镇定的意志以及胜券在握的信心，这一雕像已经成为体育运动和健美体魄的象征。古代奥运会的竞技项目与古希腊人对美的追求是一致的。

但如何展现纯洁的伦理和道德？实际上古希腊人的观念中美和善是不可分离的。刘小枫认为，从字源上也可以看到古希腊那种赛会中永远争第一的来源是美德。[①] 基托则明确说，奥运会竞赛是一种激发和展示人类 arete（希腊语即美德，亦有翻译为卓越一词）已有的手段，并且是身心两方面的 arete。《历史》一书曾讲到一个故事，希波战争期间，一个波斯人听说奥运会优胜者的奖品不是金钱而是一顶橄榄枝花冠的时候，情不自禁地发出这样的感叹，“哎呀，……我们前来与之作战的是些怎样的人啊，他们相互竞技只是为了荣誉，而不是为了金钱！”[②]因此在古代奥运会，竞争的目的之一是美德的体现。展现纯洁的伦理和道德的另一种方式则由古代奥运会运动员的身份来体现。参加古代奥运会的运动员必须是完全自由的公民，必须为纯正的希腊人且父母必须是希腊血统，必须在政治上、道德上、宗教上、法律上没有不良记录。获得参赛资格的运动员在比赛之前，要在宙斯神像前举行宣誓仪式，保证其公平合理竞争，不以非法手段取胜，不破坏奥运会的规定，而获得优胜的运动员更是被冠以“神的勇士”。因此，古代奥运会的运动员是“kalos”和“agatos”象征。

同样古代奥运会对裁判员和教练员的身份也有着严格的要求。裁判员一般从有名望的贵族集体推选出来，他们不仅拥有极高的权力，而且具有高尚的道德修养和丰富的运动知识，因此裁判员一般具有极高的声誉和威望。而教练

①刘小枫：《凯若斯—古希腊语文教程》（上册），华东师范大学出版社 2005 年版，第 271 页。

②希罗多德：《历史》，王以铸译，商务印书馆 2010 年版，第 571 页。

员一般从对城邦忠心且富有战斗经验的老兵中挑选出来，他们大多在大型竞技会上获得过优胜奖，具有较高的道德修养和丰富的竞技训练的知识，能够引导、帮助、训练古代奥运会运动员，而且整个训练过程包含着心智教育。因此古代奥运会的裁判员和教练员身份往往也体现了“kalos”和“agatos”道德要求。

最后，古代奥运会是一个在古代世界最神圣的地方举行的宗教事件，它自身就是一种宗教的道德规范。因此我们可以说，古代奥运会精神的伦理与道德原则是“kalokagathia”。

（二）顾拜旦现代奥运会思想道德原则的起源

古代奥运精神的道德诉求与顾拜旦长期以来坚持的教育理念是一致的，这对顾拜旦现代奥运思想的产生起到了重要的启蒙作用。

在古代奥运会沉寂一千多年后，出身贵族家庭，集教育学家与历史学家于一身的顾拜旦在复兴奥林匹克运动初期就带有明显的伦理与道德目标。顾拜旦出身于贵族，在英文当中“贵族”是“noble”，其词本身还含有“高尚的”“伟大的”“卓越的”等含义，在欧洲伦理体系当中贵族精神是一个“精神贵族化”的过程，是一种道德升华的诉求。现代奥运会这两个道德原则均取自两个大主教的布道演讲。顾拜旦全家都是天主教徒，“天主教的道德观念是一种重视意向的道德观，它除了对善的追求还含有超越的目的”[①]。这些特殊的环境使顾拜旦的现代奥运会观念自然地含有了对道德理念的追求，他希望这些道德教育能够通过体育运动表现出来。顾拜旦期望基于一种新的优秀运动员概念，也就是他定义为贵族精神的荣誉性教育过程，培育具有绅士道德的社会精英，这种活动形式为体育运动提供一种新的宗教服务——“肌肉宗教”；借用这种体育宗教形式，通过激励和德化来改造运动员、改造奥林匹克运动。当顾拜旦确定奥运会的格言时，对教育如此着迷的他希望运动员参与奥运会竞赛是一个教育的过程，通过奥运会这个教育课来发展运动员的身体和道德水平。因此在顾拜旦的头脑中，奥运会的参赛选手不仅身体强壮而且道德高尚，并且完美地表现于奥运会舞台上。这些奥运会参赛选手属于一个阶层，一个具有完美表现能力的、具有示范教育作用的上级阶层。顾拜旦所谓的上级阶层是指那些在奥运会赛场上人为表现达到高水平的人。而这一特征恰恰体现出古代奥运会精神的伦理与道德原则“kalokagathia”的特征，这在顾拜旦的《体育颂》中被完美地表现出来。因此，顾拜旦自身及周围环境对贵族精神的追求，教育理念的展现以及

①吉尔松：《中世纪哲学精神》，沈清松译，上海世纪出版社 2008 年版，第 405 页。

宗教信仰的约束是顾拜旦现代奥运思想中含有对道德追求的重要原因。

奥林匹克主义诞生于当时社会和政治的危机。顾拜旦早期一直致力于学校改革和体育的发展，他尝试将英式和美式的身体教育形式应用到法国，但不被社会广泛接受。1870—1871 年的普法战争中法国战败，法国不仅割地赔款更失去欧洲的霸权地位，法国社会无不充斥战败带来的屈辱和复仇的心态。如何转移这种偏激的竞争方式且能够使法国变得强大是顾拜旦一直思索的问题。随着欧洲历史学家对希腊古代奥运会遗址的挖掘，古代奥运会的精神也不断展现在欧洲的视野当中，古代奥运会及古希腊那种由"kalokagathia"道德标准控制竞争的方式使顾拜旦意识到可以将其移植到法国当时的社会中。顾拜旦将奥运会定义为发展人体与培养智力、精神同步的教育过程，是一个和谐育人的表现。顾拜旦这一协调理念吸引世界各地的重大决策制定者的注意力，再加上通过设计一些如奥运会会旗、五环以及各种仪式等使人们能够普遍地接受，现代奥运会终于在 1894 年诞生，顾拜旦通过奥运会这一竞技运动形式达到他的教育理想。

（三）奥运会对"夺标"与"参与"追求的本质

仅仅复兴古代奥运会是远远不够的，顾拜旦希望通过奥运会这一形式尽可能地实现身体与道德教育性能的最大化，这是他教育思想的最大性能追求。这一思想的实现一方面需要最大、最完美性能展现的引导，另一方面需要广泛的参与，这恰恰就是"更快、更高、更强"与"参与是最主要的"奥运格言的体现。

顾拜旦认为，奥运选手需要展现最强的力量、需要发挥最大的性能①，希望以此来给青年人带来激情，鼓舞和激励青年人。显然人体的最大潜能是不能测量的，而且如果把追求永无止境的挖掘人体潜能作为奥运会的道德支柱，会导致出现不惜代价追求最大性能展现的行为和价值取向，终会使奥运会精神变成不道德的，因此顾拜旦把这种超级性能的取向限用在人的精神层面。但这一矛盾性观念的提出最终影响了现代奥运会在实践过程中的价值取向。

顾拜旦另外一个基本的道德原则是"参与是最主要的"。这一格言的出处来自著名的宾夕法尼亚大主教布道中所说的"在奥林匹克运动会上，重要的不是取胜，而是参加，正如在生活中最重要的事情不是胜利，而是斗争，不是征服，而是奋力拼搏。"顾拜旦认为奥运会是属于全世界人民的、每个人都有权利参加

①国际皮埃尔·德·顾拜旦委员会:《奥林匹克主义:顾拜旦文选》,邹丽译,人民体育出版社 2008 年版,第 357 页。

奥运会，也提出了体育为一切大众的主张，这是一种大众体育的思想。顾拜旦固然不会忽视"参与是最主要的"这一道德标准的重要教育价值，但他可能没有意识到这使他与现代奥运会夹在两个不一致的道德原则之间。现代奥运会这两个基本的道德原则，一个倡导每个人都应该参加奥运会，另外一个又强调追求最大性能的表现。但现实情况是：赢的人往往被认为是成功的，而那些失败的人甚至获得了第二的人通常并不被认为是成功的。显然这是不公平的，不是顾拜旦理想的奥运会精神，现实的这一矛盾迫使顾拜旦一直试图找到一种协调这两个基本道德原则的途径。在顾拜旦的诸多演讲和著作中，他反复地阐述了这两个原则，宣传着这两个原则，但直到今日，这两个原则也没有协调一致。

二、现代奥林匹克理想与现实的冲突

（一）传统竞技运动观与奥运会信念的冲突

传统的竞技运动观念就是以夺取胜利为主要目标的体育活动，但现代奥运会的理想却提倡"参与比获胜更重要"，这两者表面上显得格格不入，传统竞技体育观与奥林匹克理想的冲突也是现代奥运会道德理想与功利追求矛盾的重要原因。

现代奥运会经过了一百多年的发展不断深入人心，不断发展壮大，在很大程度上主导了现代体育的发展方向，根本原因在于它坚持了以奥林匹克主义为核心的道德价值目标。现代奥运会的理想目标表达了人们通过竞技运动对美善的追求，表达了对世界和平与团结的渴望，因此它在世界范围内快速地、广泛地被认同。现代奥运会在发展初期推崇运动员的业余性，是因为它把竞赛获胜当作一种荣誉、一种美德。它排斥职业运动员参赛，是因为职业运动员的参赛目标不再停留在对荣誉的追求，而变成了赤裸裸的金钱追逐。传统竞技运动的核心思想就是获取优胜，这是竞技运动的核心价值，如果失去夺标这一核心价值，竞技运动只能表现为一种游戏。竞技运动的这一特征让它默许了为获得优胜而采取的各种合法手段，它允许也鼓励道德教育的介入但这并不是它的主要价值表现。竞技运动提倡公平竞争但不排除业余选手与专业选手，它提供业余选手与专业选手共同竞争的机会，但不保证业余选手与专业选手具有相同的竞争结果。现代职业运动员的准入使现代奥运会变成了少数人的竞技，现在奥运选手已成为专门培养有可能获得优胜资格人，它使大部分人失去了参与和竞争的机会，这与现代奥运会早期"广泛参与"的价值目标渐行渐远。同时，现代奥运会选手对金钱的追逐已不再符合顾拜旦当初设计现代奥运会是一个教育的过程的设想，参赛选手为达到获胜目标而不择手段，这给现代奥运会带来一幕幕的投机丑闻。尤其是兴奋剂的使用更是层出不穷地爆出丑闻，而在顾拜旦思想当中使用药物参赛从来都是不道德的，现代奥运会的价值冲突却造成这种不道德的现象屡禁不止。

（二）竞技运动职业化发展趋势与奥运会教育理想的冲突

教育是顾拜旦体育思想的核心，顾拜旦复兴奥运会的出发点本是教育。这在《奥林匹克宪章》中有着明确的界定："奥林匹克主义是将身心和精神方面的各种品质均衡地结合起来，并使之得到提高的一种人生哲学。它将体育运动与文化和教育融为一体。奥林匹克主义所要建立的生活方式是以奋斗中所体验到的乐趣、优秀榜样的教育价值和对一般伦理的基本原则的推崇为基础的。"[①]这表明现代奥运会的一切活动都是为了达到教育目标的教育手段。萨马兰奇也曾说过，离开了教育，奥林匹克主义就不可能达到其崇高的目标。[②] 但也正是萨马兰奇将商业化引进现代奥运会（还取消了奥运会的业余规定）结束了布伦戴奇业余化的封闭时代，迈入商业化与精英化的时代。

布罗姆在其著作中曾将现代奥运会描述为一个现代版的"面包和马戏"，侧重商业化目的远远超过通过体育来创造和平的理想。但在资本主义主宰社会的环境之中，业余化与封闭性的现代奥运会举步维艰，极近衰败，现代奥运会为了生存也不得不采用商业化操作的手段，现代奥运会也因商业化的介入而成为全世界历史最悠久、最有影响力、最富有的国际组织。现代奥运会在商业化运作的支持下蓬勃发展的同时也埋下了危机的伏笔。布朗（Brown）研究认为，奥林匹克作为一个变革性的场所，期望通过参加奥运会来发展运动员的道德观念已被证明是不成功的。[③] 对经济利益最大化的追求与对美善的道德追求存在较大的德性差异，这种差异使现代奥运会陷入理想与现实冲突的困境。

三、竞技运动竞争平衡对夺标和参与的冲突的缓解

竞技运动竞争平衡的意义不仅在于只是指明竞技运动发展过程中的一个状态或机制，更是一种竞技运动发展理念。它不是给竞技运动赋予道德教育的价值理念，也不是排除竞技运动发展过程中的商业化介入，它期望协调竞技运

①任海：《奥林匹克运动》，人民体育出版社 2005 年版，第 46 页。

②任海：《奥林匹克运动》，人民体育出版社 2005 年版，第 3 页。

③Seth Brown, "De Coubertin's Olympism and the Laugh of Michel Foucault: Crisis Discourse and the Olympic Games," *Quest*, no. 3(2012): 150-163.

动发展各要素之间的关系，使竞技运动发展更合理、更具可持续性。这在一定程度上对夺标与参与的冲突有一定的缓解作用，具体表现如下。

（一）竞技运动竞争平衡为认知和解决冲突提供发展观的研究视角

竞技运动竞争平衡是一个基于动态平衡的发展观，它的重要理论基础就是科学发展观。它强调理解一个实物或者一种现象需要使用发展的思维，不能孤立地、静态地看待。从发展观的角度去理解现代奥运会夺标与参与的冲突存在的必然性与现实性。首先，现代奥运会夺标与参与的冲突是一个矛盾运动过程，处在不断的变化发展之中。其次，这一冲突在现代奥运会产生时期就已存在，只不过在早期的环境中还没有得到充分显现，直到现代奥运会全面的发展阶段才明显暴露出来。再次，针对现代奥运会夺标与参与的冲突，虽然现阶段并不能消解并在今后相当长的时期内存在，但不代表我们无所作为。我们要以积极的态度、创新的精神，通过社会价值观的不断发展完善，从本源上去化解这一冲突，确保现代奥运会的发展方向，实现更大的价值理想。

（二）竞技运动竞争平衡是提供系统的思维方式

竞技运动竞争平衡是一个系统性研究竞技运动各参变量关系的理论，它避免采用单项因果分析方式来研究现代奥运会理想与现实冲突的原因。竞技运动竞争平衡分析制约竞技运动发展的各种因素之间的关系，它不仅仅考虑道德与商业化、夺标与参与等等这种直接对立的现象，而且把整个矛盾的关联因素纳入一个整体进行思考分析，从复杂与无序中寻求规律。竞技运动竞争平衡将所有的竞技参与主体纳入竞技运动这个大的系统，这个系统不仅包含竞技运动的各项要素，还包含政治、经济、文化以及地理等外部环境因素；它不仅思考各个主体之间的关系，更要分析参与主体与社会环境之间、社会各要素之间的协调关系；它突破了单项因果分析的限制，为寻求积极有效的消解之道提供新的思维方式和方法。

第二节　竞技运动竞争平衡对竞争与合作的矛盾统一

一、竞争与合作的辩证关系

竞争是生物群落当中普遍存在的个体之间以及群体之间的一种关系。从生物学意义上讲，竞争是指不同生物体为生存、发展而对稀缺或有限的生存资源的争夺。它不仅广泛地存在于自然界，也普遍存在于人类社会，人类并没有超越自然界而摆脱生物体之间生存竞争的规律。只要存在共用生存资源不足的环境,该环境中生存个体或群体之间必然存在竞争。“物竞天择、适者生存”是达尔文进化论的基本原则和普遍规律,由变异、遗传和生存竞争是生物进化的本质;生存竞争几乎存在于每一类生物之中,生物体存在的唯一目的就在于使自身的基因得到保存和繁衍,一切生物体之间的竞争都是种群保护与延续的本性体现,这决定了生物体在面临稀缺资源时的竞争的行为特性。与地球上其他生物体一样,人类同样面临着生存资源的稀缺,在有限的资源条件下,不同主体的各方面的需要或利益不可能同时均衡地得到满足,只有通过竞争优胜劣汰才能保障一部分人群和种群的存在或利益需求。因此资源的不足或不均衡以及生物体生存的需要之间的矛盾是生物体竞争的动力和本源。

但需要指出的是,达尔文的进化论属于有生物体的竞争进化,强调种内竞争,而把生物体之间存在的合作与利他现象看作是自然选择的反例。1902 年,克鲁泡特金在其经典著作《互助论:进化的一种因素》中就个体的合作与利他现象进行了论证分析,认为进化的重要因素是合作而不是竞争,对达尔文的竞争进化提出挑战。刘鹤玲通过对汉密尔顿、特里弗斯、埃克斯罗德等关于生物体合作与利他现象的研究进行总结分析认为,合作进化是对自然选择学说的补充和发展,竞争与合作是生物有机体两种不同的生存策略,竞争进化与合作进化是生物有机体为适应环境形成的两种不同的进化路径。①合作进化论从生物学角度论证了竞争与合作的辩证关系,认为在生物个体和群体之间存在着竞争与合作的微妙平衡,这种平衡揭示了在允许条件下的利己与利他的共存,这为竞争与合作的辩证统一提供了生物学上的理论支持。

群体合作是人类生存竞争的基本特征,是人类与自然界其他物种的最大区别之一,这也是人类能够超越自然界其他物种而发展出高度文明社会的重要原因。竞争与合作在人类社会的实践活动中表现得尤为复杂与重要。竞争与合作这两个人类社会实践活动的基本形式是既对立又统一的。从人类的发展历史来看,人类社会的竞争离不开合作。就个体而言,个体的竞争能力是在参与人类合作的长期的实践中发展起来的,合作能力是个体竞争能力的重要部分;就社会群体而言,群体的竞争能力是建立在内部合作基础上的,没有内部团结合作就没有竞争力。另一方面,合作也离不开竞争。群体合作希望获得最高的

---

①刘鹤玲:《从竞争进化到合作进化:达尔文自然选择学说的新发展》,《科学技术与辩证法》2005 年第 2 期,第 38-40 页。

效果利益就需要个体充分发挥能力，而竞争是促使个体充分发挥能力的重要手段。

总之，竞争与合作是人类实践活动的两大基本形式，两者相对立但又相互依赖、相互促进，是辩证统一的关系。

二、竞技运动竞争属性分析

竞技运动的竞争不属于传统意义中的资源竞争，不是对已有的有限资源的共同利用而引起的有机体间的相互妨碍，它是通过竞争而创造自身存在价值的一种形式。传统的资源竞争是在有限资源控制下有机体为生存和种族延续而不得不展开竞争，竞争是生存和种族延续的一种手段。而竞技运动的竞争含义却不同，它是基于竞争这一形式而使得竞技运动存在和发展，竞争是竞技运动的本质，竞技运动的发展需要良好竞争生态的支持。传统意义中的资源竞争是排他性的妨碍竞争，它需要抑制其他有机体对共有资源的占有而维护自身生存和发展的需要；而竞技运动的竞争是依赖性的竞争，它需要其他竞争对手的参与才能实现自身的价值和满足竞争主体的需要，离开竞争对手的参与其竞技运动自身的价值就会消失，所有竞争主体都会失去与之相关联的利益。因此竞技运动中的各竞争主体间存在着共同的价值关联，自然界中的“竞争排除原则”在竞技运动中并不适用，这就为竞争主体之间的合作提供了基础。

三、竞技运动竞争与合作的辩证关系分析

竞技运动是以竞争为主要特征的身体活动，竞技运动的本质属性就是竞争。失去竞争这一核心特征，竞技运动也就不能称之为竞技运动。从前面竞争与合作的辩证关系看，竞争与合作在自然界与人类社会活动中广泛存在，而竞技运动又是人类社会活动的一小部分内容，按照这一逻辑，竞争与合作共存于竞技运动当中。但竞技运动又与人类其他实践活动有着如此的不同，竞技运动价值目标就是通过竞争获得优胜，竞技运动的灵魂就是竞争，竞争与合作的逻辑关系能否在竞技运动中体现，这是需要认真思考的问题。但是从竞技竞争平衡角度思考，这个问题就显清晰了。

首先，竞技运动是一个庞大的各要素互相影响、互相作用的系统，它不是仅由简单的运动员、教练员、裁判员等人的要素构成的，相反它是由人、政治、经济、文化、地理等各种复杂的、大量的自然界要素与人类社会要素构成的。它包罗万象，与自然界和人类社会的各种要素发生关系，本身是人类实践活动的缩

影。一方面，竞技运动系统如要正常地运转发挥作用，其内部各要素不可能独立存在而不与其他要素发生关系，合作必然存在于竞技运动这一庞大系统当中；另外一方面，竞技运动作为一个系统不可能独立于自然界或人类社会，必然要与其他系统发展联系，因此，合作必然存在竞技运动系统当中和竞技运动系统与其他系统之间。

其次，竞技运动的核心价值目标是获得优胜，竞争是它的本质表现形式，但并不能否认合作在竞技运动系统中的作用。正如同前文论述竞争与合作的辩证关系一样，个体或者群体的合作能力是竞技能力发挥效能的重要手段，这一点尤其表现在团体竞技项目上。在竞技运动项目当中，人数越多的团体竞技项目对合作能力要求越高，例如竞技足球项目，数不清的战术配合策略就是对合作需求的重要体现。

再次，就竞技运动的竞争主体也就是竞争对手而言，竞争虽然是他们的主要形式，但通过竞技能力的提高来获得优胜才是他们的最终目标，因此即使是竞争对手也不排除采取合作手段以互相提高自己的竞技能力。例如，在网球竞技运动中，在2003—2010年期间，费德勒与纳达尔是两位著名的网球选手也是重要的竞争对手，两人有20次对决发生在大满贯或大师赛的决赛中，竞争不谓不激烈，但在场外两人却有一起训练提高水平的安排。如果合作能够提高竞争双方的利益，他们怎会排除合作呢？

最后，竞技运动中的竞争与合作存在微妙的平衡。竞技优势的长期垄断对竞技项目发展产生损害的同时，必定也会损害竞技优势既得利益者；竞技优势既得利益者为保持其自身利益的最大化，必然通过一些像出让竞技优势等手段保持竞争对手一定的既得利益，而这一过程就是合作的体现。

第三节　竞争平衡对竞技运动国家主义与全球主义的融合

一、全球化、全球主义以及国家主义的特征、内涵分析

（一）全球化与全球主义的由来与发展

全球化是一个以经济全球化为核心、包含各国各民族各地区在政治、文化、科技、军事、安全、意识形态、生活方式、价值观念等多层次、多领域的相互联系、影响、制约的多元概念。全球化既是一个概念也是一个过程。实际上我们已经不再生活在一个孤立的、封闭的社会当中，全球化的影子存在于社会的方方面

面。人们见证了全球性经济体系的发展、世界性文化的扩展以及全球性体育运动的出现。国家的界限变得越来越具有渗透性，虽然当今的世界还没有达到一个整体性的、彻底化的全球化状态，但每一个国家都参与到全球化过程当中。而且许多学者都认为全球化发展有着新的进步，全球性的沟通途径越来越普及、越来越方便，全球化的未来将是统一性与多样性并存的状态[①]。

全球化理论出现在20世纪60年代，罗兰·罗伯森首次把这一概念应用到社会学中。20世纪90年代中期，全球化的理论研究成为西方学术研究的热点，全球化的研究延展到经济、政治、文化等各个领域，与此同时反全球化理论的研究也逐渐兴起。全球化与反全球化理论的研究使全球化这一概念不断普及，全球化的思想意识也不断加强，随之出现了全球主义的概念。

全球主义的概念诞生与全球化理论的研究密切相关，世界各国之间的相互依赖是全球主义的根源，需要注意的是全球主义不同于全球化。蔡拓认为，全球主义既是一种思维方式，也是一种付之行动的主张和构建现实的规范[②]。这种思维方式是摆脱国家中心论的限制，以人类中心论、世界整体论作为指导思想和行为规范的一种全球意识。全球主义将世界纳入一个思考单元，强调世界中的各要素互相联系、相互依存。“全球主义的兴起是当代的一个基本事实，其根源在于世界各国的相互依存。而这种内在的高度相关性首先是市场经济向全球扩张的必然逻辑，其次是人类物质文明迅速发展，特别是通信、交通的革命性变革的结果。”[②]全球主义的思想也在不断地影响着国家事务处理过程，最明显的当体现在全球环境治理领域当中。1972年，联合国就日益严峻的世界环境问题召开了第一次关于全球环境治理的世界性会议，这次会议阐述了只有一个地球的思想，强调超越传统的、狭隘的国家思维，以全人类的利益为出发点，共同应对世界气候恶化带来的压力。联合国1992年的《里约环境与发展宣言》明确指出，“怀着在各国、在各社会各个关键性阶层和在人民之间开辟新的合作层面，从而建立一种新的、公平的全球伙伴关系的目标，致力于达成既尊重所有各方面的利益，又保护全球环境与发展体系的国际协定，认识到我们的家乡——地球的整体性和相互依存性”[③]。当前全球气候治理虽然依旧困难重重，但是全球主义的思想已经达成共识，因为在面临单个国家或者部分国家不能够独自解

①杨雪冬：《当代国外全球化理论研究的十个特点》，《学习时报》2010年8月16日。

②蔡拓：《全球主义与国家主义》，《中国社会科学》2003年第3期，第16-27、203页。

③中国环境报社：《迈向21世纪——联合国环境与发展大会文献汇编》，中国环境科学出版社1992年版，第29页。

决而这一问题又影响到世界各国的利益时，全球主义的治理方式是唯一的解决办法。

全球主义思想另一重要体现是全球治理理论的诞生与实践。全球治理理论由国际发展委员会主席勃兰特于1990年在德国提出，1992年“全球治理委员会”成立。该委员会1995年发表了《Our Global Neighborhood》研究报告，该研究报告就全球治理的概念、原则、实践模式等进行细致的分析，它试图探讨如何把世界——一个全球化的世界——当作一个集体的存在来共同治理，即当作“社会—世界”去治理，它在全球范围内所要达到的理想目标应当是超越国家、种族、宗教、意识形态、经济发展水平之上的全人类的普世价值。虽然全球治理理论还不十分成熟，在实践上也面临着诸多制约因素，但这一理论所体现的全球主义思想无论在实践上还是在理论上都具有十分积极的意义。

如果要在体育领域寻找一个具有全球主义思想的代表，我们不得不提奥运会了。奥林匹克运动的宗旨认为“人类高水平竞技是抵制种族主义，追求公平、团结、教育、和平的体育活动”，现代奥运会道德价值指向“美善”，而“全球主义从政治与道德哲学角度看，它所强调的是普遍主义和社会向善主义，它肯定人类的道德统一性”。①两者道德目标的一致性表明现代奥运会的精神是一种“全球主义”的意识。② 正如顾拜旦提出的“所有的赛会、所有的国家”共同参与的思想，从起源上就预设了奥林匹克主义的超民族、超国家、超阶级的内涵。《奥林匹克宪章》指出，奥林匹克运动的宗旨是通过没有任何歧视、具有奥林匹克精神——以友谊、团结和公平竞争的精神相互理解的体育活动来教育青年，从而为建立一个和平的更美好的世界做出贡献。③现代奥运会坚持体育的扩展与民主化，倡导奥运会属于全人类，倡导文化的多元性，道德价值指向全世界，这何尝不是一种全球主义思想的体现呢？

（二）国家主义的历史与现实

尽管全球主义呈现出历史必然性，但国家的历史作用远未终结，国家主义尚有不言而喻的现实合理性。“国家主义是针对两个参照系而言的。其一，以个人为参照系，指的是在主权国家内个人与国家的关系要以国家为中轴；其二，以全球为参照系，强调的是在国际社会中主权国家与人类共同体的关系要以国

①蔡拓：《全球主义与国家主义》，《中国社会科学》2003年第3期，第16-27、203页。

②赵均、许婕：《国家主义、全球主义与中国竞技体育》，《体育学刊》2009年第3期，第15-18页。

③任海：《奥林匹克运动》，人民体育出版社2005年版，第15页。

家为中心。”[①]本研究所使用的国家主义概念以全球为参照系，是国际政治意义上的国家主义。现实主义是国家主义重要的理论基础，国家主义强调在国际事务中国家的基础与中心作用。

由于全球经济、政治、文化发展的不均衡，现行的国际秩序存在不平等与不公正。另外，大部分发展中国家是第二次世界大战后才获得政治独立的，这些国家对来之不易的独立政治主权有着极重要的亲切感，基于对自身政治、经济、文化利益的保护，这些国家表现出强烈认同国家主义的倾向。与此同时，当前国家依然是国际社会中最基本的政治单元，还没有一种体系或者机构能够完全代替国家的作用。正如保罗·肯尼迪所说，即使国家的自治和作用由于超国家的趋势而减弱，也没有出现一种足够的东西来替代它，并成为答复全球变化的关键单位。[②]如果说现代奥运会的精神体现了全球主义的思想，那现代奥运会的实践则无处不体现了国家主义的存在。1908 年伦敦奥运会按照国别统计奖牌榜，并在运动会结束时公布和印发了各国得奖统计表，这一举措使各国加强了对奥运会的重视、加大了对参加奥运会的投入，但也使参与竞争的意图转移到展示国家实力与形象上。各国参与和重视奥运会的目的不再是为了和平，而是希望通过奥运会的表现强化国家认同、提高国家形象等，重视与参加奥运会达到国家主义的利益需求。因此，全球主义虽然是历史发展的必然，但由于世界经济、政治、文化等发展的不平衡，国家主义依然是各国追求国家利益的重要体现。

（三）国家主义与全球主义的辩证关系

国家主义与全球主义是世界发展不同历史阶段的思想体现，全球主义虽然是历史发展的必然，但国家主义依然是当前的主流并在相当长时期内发挥作用。这两者不是隔离开来的，而是互相作用、互相影响的。国家主义与全球主义不是完全对立的，国家主义强调以国家利益为中心，但不排除对全球利益的追求；全球主义强调以全球利益为出发点，本身包含对各国国家利益的维护。全球主义是从国际关系发展的趋势——全球化的基础上提炼出来的，而全球化最早在经济层面出现本身也是民族国家对自身利益追求的结果，全球化符合各民族国家的发展意愿。

①蔡拓：《全球主义与国家主义》，《中国社会科学》2003 年第 3 期，第 16-27、203 页。
②保罗·肯尼迪：《为 21 世纪做准备》，何力译，新华出版社 1994 年版，第 127 页。

二、国家主义与全球主义在竞技运动中融合与冲突

蔡拓在坚持全球主义与国家主义并存的条件下提出全球主义关照下的国家主义，强调国家主义向全球主义的过渡与融合。鲁克(Rook)(2010)在研究卡塔尔足球运动的发展模式时，发现了一个国家主义与全球化融合的案例，该研究认为卡塔尔在顺应经济全球化的趋势下被迫向国外输出运动员，但却利用全球化的足球劳动力市场引起了世界对卡塔尔的重视和关注，从而达到国家发展需要以及国家利益诉求的目的。在竞技运动尤其是在职业竞技运动中，国家主义与全球主义的融合往往与经济全球化有着密切的关系，经济全球化在各个领域内的渗透，使得全球主义的思想隐形中渗透进去。

在全球化的视角下去理解竞技运动国家主义与全球主义的融合并不是很困难的事情，尤其是涉及竞技领域的职业体育，由于全球劳动力市场的存在，球员流动成为常态，球员往往突破国家的界限参与到竞技运动当中。但当我们把视角转向民族国家的竞技运动发展过程时，国家主义的体现又是那么的强烈，鲜明地与全球主义对立。竞技运动与政治紧密相连，竞技运动成为宣扬国家意识形态优劣的工具，强调利用竞技运动的世界影响力来强化国家认同、提供民族自豪感，尤其在美苏冷战时期，竞技运动间的较量往往代表了国家之间的斗争。正如美国电影《冰上奇迹》所揭示的主题一样，美国需要一种力量来激励美国人民的斗志与国家荣誉感，而能在竞技运动中击败最强大的“敌人”无疑在当时是美国最合适的手段。在这里冰球场成了战场，竞赛代表了国家竞争，冰球运动完完全全演变成国家斗争的手段，这有何有竞赛精神而言，在这里竞技运动完完全全、赤裸裸地演绎了国家主义的内涵。

正如前文所论述的，发展中国家因对来之不易的独立政治主权有着极重要的亲切感而表现出强烈认同国家主义的倾向，是源自世界发展的不平衡以及现存世界体系的不公平。在不平衡与不公平的基础上去普及全球主义显然会造成这两者之间的冲突。

三、竞技运动竞争平衡对国家主义与全球主义协调的体现

根据系统的自组织理论，一个复杂的开放的系统本身具有相互协同的能力，这种协同能力是形成系统有序结构的内部作用力。而协同机制的本质就是协调各个系统或要素之间的关系，在各个利益主体需要之间达到一种平衡。竞技运动是一个由大量子系统(竞赛系统、管理系统、文化、价值观等)构成的自组

织系统，这个系统是开放的且不断与外界发生物质、能量和信息交换，呈现出一定的相应的规范和秩序，例如由业余性的竞技运动向职业性的竞技运动发展，由地区性的组织模式向国际性的组织模式转换等。竞技运动系统具有把物质、能量与信息等转换成自身存在的能力，呈现了耗散结构的特征。竞技运动作为具有耗散结构的系统是有自转换性的，在一定环境条件下占据主导地位的控制变量决定了系统的某一特征，例如国家行政干预起到主导作用时竞技运动就体现了国家主义的特征（这种干预指向国家需要的目的），但是这种控制变量的特征不是一成不变的，它时时刻刻在与其他变量之间发生着协同、竞争的作用，不断地被消耗与同化，当超过它的控制临界值时它的主导地位就会被其他特性的变量所取代，从而体现出系统的另一种特征。竞技运动竞争平衡的研究视角就是竞技运动自身以及与其他要素之间的这种协同、竞争关系，这种关系需要平衡自身发展需要、国家需要以及世界需要等利益主体之间的关系，它是一种系统的平衡观。

另外，竞技运动系统自身还具有自我调节性，竞技运动为适应环境或改造外界环境能够实现一定的转换。不管人们的主观意愿如何任何自组织调节，都会针对竞技运动各种矛盾或冲突的不适应性，通过一体化和多样化这两种调节方式在一定程度上缓解各种矛盾或冲突，协调各矛盾主体之间的关系，即对威胁竞技运动生存或者发展的涨落进行消除与抑制，对促进竞技运动发展的涨落进行激烈和放大。因此，竞技运动会在国家主义需要与全球主义需要的冲突中进行自行调节，以在这两种矛盾或冲突中达到一种平衡状态。

综上所述，竞技运动竞争平衡自身就包含了国家主义与全球主义协调的思想，它强调竞技运动可持续发展造福全人类，也希望通过平衡发展提高部分国家竞技水平；它期望突破民族国家的界限去解释竞技运动发展的内在规律，也希望从全球化的历史趋势去预估竞技运动的发展趋势。

本章小结

现代奥运会的思想体现的“强调夺标”与“鼓励参与”的冲突对现代奥运会的发展产生诸多负面影响，竞技运动竞争平衡可为认知和解决这种冲突提供发展观的研究视角和系统的思维方式，有利于该冲突的消解。

传统的竞技观念强调竞争而忽视合作，竞技运动竞争平衡从系统论的角度论证了竞争与协同是竞技运动持续发展的动力，合作是竞技运动良性发展的需要手段。竞争平衡为各方主体在发展竞技运动过程中重视竞技合作提供了理论依据。

竞技运动竞争平衡思想是系统自组织思想的体现，能够对竞技运动发展中的国家主义行为与全球主义的要求进行协调，使这两种矛盾或冲突达到一种平衡状态，从而既能够满足竞争系统各主体的利益需要，也能保证竞技运动的可持续发展。

第七章　竞技运动竞争平衡与中国竞技体育可持续发展

第一节　竞技运动竞争平衡与中国竞技体育可持续发展的辩证关系

一、竞技体育可持续发展的释义

（一）可持续发展的概念及内涵梳理

早在20世纪60年代，可持续发展的思想就已经在一些生物学家或经济学家的著作中体现，如卡逊的《寂静的春天》、肯尼思·博尔丁的《即将到来的宇宙飞船世界的经济学》等。“可持续发展”一词在国际文件中最早出现于1980年由国际自然保护同盟制订的《世界自然保护大纲》，其概念最初源于生态学，指的是对于资源的一种管理战略。但作为明确概念的提出并在全球范围内受到关注，却是在1987年世界环境与发展委员会发表的《我们共同的未来》报告中。在早期，可持续发展概念的界定偏向自然属性即生态环境的可持续性，但随后被广泛应用于经济学和社会学范畴，现已发展成为一个涉及经济、社会、文化、技术和自然环境的综合的动态的概念。

联合国世界环境与发展委员会对可持续发展的定义“既满足当代人的需求又不危及后代满足其需求的发展”[①]被国际组织广泛接受，但在不同学科领域的学术研究中，因对可持续发展中的不同属性的强调导致对可持续性发展的定义有所差异。例如在生态学与环境学领域，1991年国际生态学联合会和国际生物学联合会将可持续发展定义为“保护和加强环境系统的生产和更新能力”[②]；在

①世界环境与发展委员会：《我们共同的未来》，世界知识出版社1989年版，第6页。

②洪银兴、高波：《可持续发展经济学》，商务印书馆2000年版，第21页。

经济学领域方面，爱德华·巴比尔将其定义为"在保持能够从自然资源中不断得到服务的情况下，使经济增长的净利益最大化"[①]；在社会学领域，腾藤给出的定义为"可持续发展是为使全人类能够在地球上永久生存和发展下去，而自觉形成的以人为主体，以生态、环境、资源为基础，以经济发展为核心，以全体参与和科技进步为保证，以人的全面发展和社会全面进步为目标，实现代际之间和同代人之间相公平、人与自然相协调的一种发展道路"[②]。虽然不同学科领域对可持续发展的定义有所侧重或差异，但却丰富了可持续发展理论的内涵和外延。

当前对可持续发展内涵的阐述主要体现于"公平性、可持续性、共同性的三大原则"[③]，"共同发展、协调发展、公平发展 、高效发展、多维发展的五个特征"[④]以及"人—自然—社会协调"的系统属性，它统筹眼前与未来、个体与整体、代间与代际平衡的思想，使其被广泛应用于各个学科领域并成为各学科研究的热点和重点。其中对公平性原则的阐述强调本代人之间、代际间以及资源分配与利用的公平，这远远超出了自然科学的范畴；持续性原则则强调了"发展"与"制约"的关系，将人类的当前利益与长远利益有机结合起来；共同性原则强调了事物发展的整体性和相互依存性。

总之，可持续发展的目标指向全人类。然而由于各国国情以及可持续发展的模式不同，在总的发展目标的指引下，各个国家和地区之间需要相互协调、适当调整其国内和国际政策，只有这样才能实现可持续发展的总目标。

（二）竞技体育可持续发展的内涵梳理

其实早在 20 世纪 90 年代末期，中国体育学术界就已展开了对竞技体育可持续发展内涵、策略等的研究，例如王景连等(1997)认为竞技体育可持续发展的标志是"时间的无限持久，空间的全球扩大，使它满足当代人和未来的人类生存发展的需要"；谢琼桓(1998)呼吁体育界就体育与可持续发展的问题进行关注和深入研究，并从可持续发展的角度就体育的现状和未来进行了思考和论述。进入 2000 年后，中国体育界就中国体育事业尤其是竞技体育事业的可持续发展的研究进入了一个高潮，如以"体育"与"可持续发展"为主题检索中国知

---

①Edward B Barbier, Scarcity and Frontiers: How Economies Have Developed Through(Cambridge City:Cambridge University Press,2010),p. 14.

②滕藤：《中国可持续发展研究》，经济管理出版社 2001 年版。

③刘芃岩：《环境保护概论》，化学工业出版社 2011 年版。

④李龙熙：《对可持续发展理论的诠释与解析》，《行政与法（吉林省行政学院学报）》2005 年第 1 期，第 3-7 页。

网数据库，显示相关文章达4300多篇，可持续发展问题显然已成为中国体育学术界研究的热点问题。

2000年之后，竞技体育可持续发展的思想和内涵被不断地扩展和完善。例如就竞技体育可持续发展的目标，肖林鹏(2002)认为可持续发展的战略目标是“实现竞技体育的社会化、国际化和科学化”；就可持续发展的操作原则，凌平(2003)认为中国体育可持续发展的过程应该遵循整体性、系统性、持续性和长远性的原则；而就竞技体育可持续发展的价值取向，金宗强等(2008)等提出了需要由微观举国体制向宏观举国体制转变，竞技体育由一元功能向多元功能转变的建议；在竞技体育可持续发展运行机制上，熊文等(2005)认为，竞技体育的良性发展是自身小系统的发展与大的社会系统两方面的协调发展，是强调代际公正和代内公正的发展过程。对竞技体育多元功能的价值追求是社会动态发展的必然要求，是竞技体育与社会各要素相协调的结果，这种协调性自身就是可持续发展的主要特征之一。这不仅因为竞技体育作为人类社会活动的一种特殊形式，其本身是社会可持续发展的本质要求，更是由于它产生与发展的价值根源在于满足人们全面发展和自由的需要。

通过对国内关于竞技体育可持续发展相关文献的梳理发现，国内在竞技体育可持续发展的内涵及相关特征的论述上紧扣了可持续发展的定义和原则，这在论述形式上与可持续发展理论的内涵论述具有一致性，但在论述的过程中也出现了“生搬硬套”可持续发展的定义与原则的现象。例如有文章在论述竞技体育可持续发展过程当中，强硬地将自然的生态环境与竞技体育相关联，不是说竞技体育的可持续发展与自然环境没有关系，只是竞技体育作为人类社会的一种活动形式，它超越了单纯的自然生物行为和经济行为，它是一种更具高级人类社会活动形式的存在，它不再是人类原始的生存的需要，而是一种更高层次的发展的需要。通过可持续发展演化的过程我们知道，早期的可持续发展理论主要侧重于生态环境领域与经济领域的论述，其定义也侧重对自然属性与经济属性的“属”的限定，但发展到现今，可持续发展的概念亦被应用到社会的各个领域，也在各个学科中被广泛研究。与其说可持续发展是一种理论，不如说是一种思想更为合适。如果我们还在套用早期的定义以及属性特征，则反而显得我们的成果不具有“可持续性”的应用价值了。

二、竞技运动竞争平衡与竞技体育可持续发展的关系论述

（一）竞争平衡与可持续发展思想的内涵关系论述

根据竞技运动竞争平衡的定义，竞技运动竞争平衡是指竞技运动系统内诸要素之间、系统与环境之间不断协调、相互适应，系统结构优化、功能正常的一种机制或相对稳定的存在状态。

首先，竞争平衡强调系统内要素之间的协调以及系统与外界之间的协调。这种协调表现在空间维度上，它强调世界、国家和地区三个空间层面以及层面内部要素之间的协调；表现在时间维度上，它强调当前与未来时间层面的协调。可以说竞争平衡提倡的竞技运动发展是一种协调性的发展，协调性不仅是竞争平衡的表现特征也是竞争平衡的重要理念，而协调性本是可持续发展思想的重要特征之一，在这一点上双方具有一致性。

其次，竞争平衡的功能目标是系统结构优化和功能正常，其终极目标是通过竞技运动结构的优化和功能的发挥，在最大空间范围内、最长时间效期满足人们对竞技运动的需要。这可以看作是共同性和可持续性思想的体现，而共同性是可持续发展的重要原则之一，因此在这一点上，竞争平衡与可持续发展具有一致性。

最后，竞争平衡强调“平衡”含有“制衡”的手段或措施，必然在一定程度上就竞技运动过分垄断的主体进行限制，也就是对需要主体进行限制。可持续发展包含两个基本要素，那就是“需要”和对“需要限制”。在生态学与经济学领域，可持续发展强调通过对“需要限制”以免对未来环境产生需要的能力造成危害；而在竞技运动领域对当前“需要限制”也是为了避免对未来竞技运动产生价值能力造成危害，在作用目的和操作手段上两者均具有一致性。

综上所述，竞技运动竞争平衡的思想与可持续发展的思想内涵具有一致性，竞争平衡是可持续发展思想在竞技运动领域的具体体现。

（二）竞争平衡与中国竞技体育的价值取向关系论述

我国竞技体育发展模式是在围绕为国争光的基本任务和解决所遇到问题的实践中，不断探索符合我国社会实际的发展道路而逐步走到今天的[①]。中国竞技体育的发展并没有先验的理论模型，而作为竞技体育发展前导的价值取向

---

①熊晓正、何强：《对2008奥运会后我国竞技体育改革的展望》，《广州体育学院学报》2007年第6期，第5-8页。

也是随着社会的发展呈现出一定的阶段性，例如由新中国成立初期的“以民族自尊和自信心为核心的价值取向”向20世纪六七十年代“以政治为核心的价值取向”转变，再到改革开放至今“以展示综合国力为核心的价值取向”①。由此可见，中国竞技体育的价值取向自身就是一个发展性的观念，它总是随着社会发展的需要而做出前瞻性的改变以保持其对竞技体育发展的前导性。僵化的、自封的价值取向显然不适合中国竞技体育发展的需求，甚至影响中国竞技体育发展的可持续性。针对中国竞技体育发展的现状与困境，体育学术界提出诸多针对性的可持续性发展策略，尤其是作为竞技体育发展前导的价值取向被反复地、深入地进行论证。有人认为竞技体育可持续发展的价值取向应该回归其本质功能（人的全面发展），削弱过分强调的衍生功能、附属功能，亦有人强调“价值的重心从经济、政治和民族的附加价值向公平、‘绿色’和协调的次级价值转移”②，对竞技体育价值观的判断，要将效益性与伦理性统一，也就是“既要考虑眼前效益，又要考虑长期效益；既要考虑个体、局部效益，又要考虑整体效益”③。随着中国经济快速发展、综合国力提升，《中国国家形象全球调查报告2013》显示中国已被国际社会广泛认为是当代的世界大国。在此情形下，中国以竞技体育水平来展示中国综合国力的价值取向显然已经不能完全适用，向竞技体育本质功能以及更高层次的价值追求势必成为未来中国竞技体育可持续发展的价值取向。

竞争运动竞争平衡的终极目标是最大空间范围内、最长时间效期满足人们对竞技运动的需要，这是它的价值取向，它的服务对象不单纯地局限于“国家”或“民族”范围内。竞争平衡不仅要满足竞技运动自身发展需要，还要协调国家需要以及世界需要等利益主体之间的关系，因为只有自身可持续发展才能尽可能满足人们的需要，只有协调各国家地区间的需要才能保障竞技运动价值的最大化。竞技运动竞争平衡的这一价值取向是可持续发展思想的体现，因为它强调了竞争主体代际和代内公正性。可持续发展有两个基本要求即代内公正和代际公正，代内公正是指当代地球上所有的人应当享有均等的发展机会，代际公正是指我们的后代与我们当代人享有同样的发展权利。竞技运动竞争平衡价值取向指向了竞技运动自身、国家等多方利益主体需要，也就是倡导了同代人之间、当代人与下代人之间在享有竞技运动资源、获得发展机会上的公正性。

①张运亮、洪卫兵、许洪超：《我国竞技体育价值取向分析》，《体育文化导刊》2010年第6期，第42-44页。

②彭劲松、张少柏：《竞技体育可持续发展的价值选择和调适》，《体育学刊》2006年第2期，第22-25页。

③熊文、周全、田祖国：《竞技体育可持续发展的伦理意蕴》，《中国体育科技》2005年第4期，第14-16、28页。

无疑，这一价值取向抛弃了对竞技运动衍生价值、附属价值的追求，转向了竞技运动本质价值（人的需要）的追求，是符合中国竞技体育可持续发展的整体价值取向的。

第二节 中国竞技体育可持续发展的“平衡”策略

一、当前中国竞技体育发展策略的思考

当前中国竞技体育的发展存在如“训练体制的‘金字塔’比例失衡，产出投入比低”①，“竞技体育后备人才缺乏，生源危机”②以及“竞技体育发展方向与国际趋势不适应”③等问题或困境。针对这些问题和困境，学术界提出了诸多可持续发展的对策和策略，例如完善举国体制、改革管理体制、扩大优势、竞群协调、加快职业化与社会化运营，等等。毋庸置疑，这些策略如果能够成功实践并实现策略目标，对中国竞技体育的水平的再次提高或一段时间内持续提高都有着重要的影响。但是，这到底是发展的策略还是可持续发展的策略呢？有观点认为竞技体育可持续发展的核心就是发展，可持续是为了更好的发展，而不是限制发展，显然这里是把“限制发展”排除在可持续发展的范围之内。通过梳理可持续发展理论发展的过程我们知道，可持续发展理论恰恰是建立在“限制发展”基础上的一种发展思想。世界环境与发展委员会在《我们共同的未来》报告中明确指出“可持续发展包括两个重要概念，需要的概念与限制的概念，限制的概念就是针对技术状况和社会组织对环境满足眼前和将来需要的能力施加的限制”④。可见，通过限制发展这一手段来协调当前与未来的需要才是可持续发展的核心。可持续发展是突破传统发展观念的一种发展思想，它不是不发展，也不是不限制发展，它是“限制发展”与“发展”的一种协调，是更好的“平衡”发展的概念。

中国竞技体育传统的发展观念是“做大做强”“赶超”等，是典型的强调自身

①虞重干、刘志民、丁海勇：《我国竞技体育可持续发展的现状与存在的问题》，《上海体育学院学报》2000 年第 2 期，第 8-11、22 页。

②钟秉枢：《我国竞技体育可持续发展面临的挑战》，《首都体育学院学报》2005 年第 1 期，第 1-4 页。

③杨桦：《我国竞技体育三大难题及破解思考》，《体育科学》2013 年第 12 期，第 8-9 页。

④世界环境与发展委员会：《我们共同的未来》，王之佳、柯之良等译，吉林人民出版社 1997 年版，第 52 页。

发展的传统发展观念。随着近几年可持续发展概念的普及，可持续发展这一概念被广泛应用于社会各个领域的发展策略，其中不乏竞技体育发展的各种策略。例如，在中国国家体育总局制定的《体育事业"十一五"规划》、《体育事业发展"十二五"规划》以及《2011—2020年奥运争光计划纲要》中，"可持续发展"都被列为重要的工作内容和发展目标，应该说可持续发展的思想已广泛深入到体育界的各个领域。但无不例外，这些文件仍然就竞技体育发展持"持续加强"的态度和为国争光的价值取向，传统的赶超思想依然牢固。

当然，很多观点认为，在中国当前的国情下强调竞技体育持续加强和为国争光是符合国家当前利益需要的，也是现实的，但也有学者针对这一特征提出了发展性的论断。例如，郝勤认为，在确立新的体育观和科学的发展思路上，中国体育的希望在于少谈国情、正视问题、回到规律、回到常识。[①]可见，国情不应当一直作为中国在竞技体育上继续强化、超赶策略的挡箭牌。也许发展策略的改变会带来中国竞技体育成绩的暂时下滑，冲击广大民众的心理，引起社会舆情的反弹，但在对竞技体育发展规律的科学认识上，相信长期从事体育科学研究的学者们更具有前瞻性。田麦久(2006)认为，随着竞技体育国际属性的强化以及我国竞技运动水平的提高，我们在国际体育事务中应该为世界的共同发展担负起更多的责任。"世界的共同发展"是可持续发展思想的核心理念和基本原则之一，中国竞技体育应当超越纯粹的国家主义思想才符合可持续发展的理念。在竞技体育发展的价值取向上，易剑东(2011)认为，运动项目的发展不仅包括竞技水平的提高，而且包括群众参与的普及，各运动项目的发展业绩不能仅仅拿奥运会金牌来衡量，而要注意考察其社会影响力、国际影响力甚至民众满意度等。谢琼桓(2011)撰文指出，"北京奥运会后中国竞技体育的价值取向应该告别悲情体育，走近快乐体育；结束焦虑体育，迎接自信体育"，这种价值取向的背后是对竞技体育核心价值与附属价值追求的清醒认识，也是对当前中国的国家实力和国际地位自信的体现。中国不论是经济实力、历史文化还是军事能力在世界上逐渐增强的竞争力，已经给中国树立了一个世界大国的形象，这也使得中国没有必要过分依赖竞技体育来为其争光。本研究也相信，在诸多学者、专家科学的认识、论断的倡导下，在可持续发展内涵更深一步的理解下，中国竞技体育终究会摆脱现有的传统发展模式，真正走上可持续发展之路。

---

①郝勤：《中国体育改革的现状与未来》，《第四届中国体育博士高层论坛论文摘要集》2012年版。

二、基于竞技运动竞争平衡提出中国竞技体育可持续发展的策略

竞技运动竞争平衡强调系统要素在空间与时间双重层面的协调，强调项目自身以及各竞争主体之间的利益协调，强调满足人们需要的价值目标以及“制衡”的手段或措施。本研究基于竞争平衡的这些特征并依据可持续发展的内涵，从“发展”与“限制”两个角度尝试着提出中国竞技体育可持续发展的策略。

（一）“发展”性的可持续发展策略

1. 后备人才的发展策略

后备人才是竞技体育发展的基础，没有充足的后备人才支撑竞技体育就失去了发展的根源。后备人才短缺的问题一直是制约我国竞技体育发展的重要因素，针对我国后备人才短缺的对策研究也成为体育界学术研究的重点和热点，许多学者、专家都提出了大量建设性的、具有重要价值的意见，但时到今日这一问题依然严峻。本研究在诸多学者、专家研究的基础上，尝试从竞技运动从业吸引力、培养渠道以及成才率三个方面阐述发展策略。

（1）提高竞技运动从业的吸引力

竞技运动从业的吸引力是指竞技运动作为一项职业对青少年或其从业影响者产生的从业兴趣和意愿。当前中国竞技体育人才的成才率低是学术界公认的一个现状，低成才率也就代表了职业发展的高风险性，再加上中国长期计划生育政策造成的家庭儿童人员数量少的现状，青少年和其从业影响者（主要是父母）会选择性地回避这一高风险性的职业。中国现行的“三级训练网”竞技后备人才培养体系与教育系统的分离使其偏重对运动员竞技水平的培养而忽视对其文化素养的培育，这造成大量运动员文化水平偏低、退役后职业发展困难，这一现状严重影响到竞技运动潜在从业者的意愿。还有当前中国大部分竞技运动商业化、职业化水平低，使得这些竞技项目职业发展的经济价值低，这也很难引起潜在从业者的兴趣。因此，针对这些现状和原因，本研究提出以下策略：

第一，大力宣传高经济价值的竞技运动项目，同时积极推进中国竞技运动的职业化与商业化运营。正如李娜获得大满贯冠军取得高额奖金后在中国掀起“网球热”一样，高额的从业回报是吸引潜在从业者从事这项竞技运动的重要原因。同样，中国上海 ATP1000 赛、中国（北京）网球公开赛等高水平职业联赛在国内的举办以及高额的职业奖金，必然会加深普通民众对这些项目的认知度，进而增加潜在从业者选择这些运动项目的概率。

第二，树立良好的运动员形象。运动员在公众面前的形象是影响民众对竞技运动项目认知的重要因素，良好的运动员形象无疑会增加普通民众对竞技运动的亲和力。2005年，NBA发布了新赛季球员着装规定，所有球员在出席联盟公开活动时必须穿着规定的“商务休闲装”，而被严令禁止穿着或佩戴诸多服装和饰品。良好的运动员形象有助于竞技运动良性文化的积淀，当竞技运动与“优雅”“文明”等词眼等同起来时，不难说它具有很强的从业吸引力。

第三，强化运动员与城市居民的情感培养。很难想象美国以及欧洲等国家的很多城市居民对本市球队的忠诚和支持度，笔者在美国学习时看过多场犹他爵士队的比赛，即使爵士处在“摆烂”重建时期，盐湖城的能源方案中心(爵士球队主场球馆)的上座率依然很高，经常出现子孙三代同看比赛的情形。在看到居民对本市球队支持的同时，笔者也看到球队为建立、巩固与市民的感情所做的努力：定期的球员见面会，定期的球员慈善活动，高频率的球队训练日开放以及大量球员与青少年的各种互动交流活动等。竞技运动给予市民亲和力，也必然能够提高潜在从业者对这些运动项目的职业发展情感。先不说中国诸多竞技运动职业化与商业化的水平，但就球队与市民情感的培育上我们还差得很多。毋庸置疑，强化运动员与城市居民的情感培养能够从情感方面提高潜在竞技运动从业者对从事竞技运动的兴趣。

第四，做好运动员退役安排和再就业培训。在中国，由于长时间的专业训练，大部分运动员在退役后缺乏较好的职业发展能力甚至社会谋生能力，造成退役运动员二次就业的困境。退役运动员后期生活不能保障大大动摇了大量竞技运动潜在从业者的信心。如能较好地解决运动退役安置及再就业发展问题，也就是为从事竞技运动的人群规划好职业前景，建立起从业的信心，进而解决因职业后期发展无望而带来的人才短缺问题。2007年开始实施的《运动员聘用暂行办法》，其倡导的退役就业优惠政策与职业转换过渡期制度，虽然能够在一定程度上缓解运动员退役后的安置问题，但却掩盖不了运动员文化水平与职业发展能力低的实质，要从根本上解决退役运动员就业难的问题还是要在运动员培养上下功夫。

(2) 拓宽运动员培养的渠道

当前传统的“三级训练网”人才培养体系因受训人员数量与基层教练水平逐年下降再加上低“成才率”及运动训练和文化教育脱节的现状，导致面临着发展的诸多困境。而当前中国的教育体系更是承担不起竞技体育人才全面培养的重担，实行多年的“体教结合”在培养全面发展的竞技人才上也收效甚微。当前狭窄的竞技人才培养渠道不能满足中国竞技体育发展的需要，而且随着中国竞技体育管理模式的逐渐转型，政府投向"三级训练网"人才培养体系的经费必然受到更多的约束和限制，该体系将面临更大的生存与发展的挑战，拓宽运动员的培养渠道是解决这一问题的重要途径。

利用社会力量、运用市场机制从事后备人才培养是国外比较成功的人才培养模式，也普遍被认为是中国拓宽后备人才培养渠道的重要措施。虽然倡导了多年，但终因环境、政策、民众意识等多方面的原因导致目前规模小、运作不规范、质量难以保证。1999年中国网球学校的成立曾被广泛认为是社会办体育的典范和契机，并认为可以发展成为像美国的尼克网球学校那样成功的竞技体育人才机构，事实是中国网球学校已然倒闭，而尼克网球学校依然盛名，且国外越来越多的网球学校如桑切斯-卡萨尔、尼基-皮利奇、海宁等网球学校等逐渐被国人所熟知。针对中国网球学校的倒闭，有人说是因为"网校的发展有自身规律，我们还没有完全摸透"。我倒不能完全认同，在市场化水平还不充分的环境下，在国民收入水平还不高的情形下，在国民对竞技体育市场化认识还不充分的情况下，在传统竞技人才培养体系的竞争下，没有经过几十年的培育和发展，社会培养竞技后备人才很难发展壮大起来。2014年，李娜谈到对建立网球学校的设想时提到，"理想和现实是有差距的，我想更多地与高校合作，保证学生的文化课学习。到时候，学生可以选择打职业网球或者继续读书。这件事我们曾经一直在谈，但是现实和自己的想法差距太大，现在很难去完成。"①由此可见，社会办体育尤其是实实在在"体教结合"的办学模式遇到的障碍太多。鉴于这些现状，利用社会力量培养后备人才在发展的初期应该获得更多政府部门给予的保障和长期的扶持，因为在一个政府主导竞技运动发展的体制环境下，在一个市场机制并不充分发挥作用的经济体制下，没有这些保障和扶持，提倡利用社会力量培养后备人才始终是空谈。

基于此，本研究认为在拓宽竞技体育后备人才培养渠道上，利用社会力量培养竞技后备人才是未来中国竞技体育人才来源的重要渠道之一，但在市场机制并不完全的环境下，要扩展这种渠道政府必须通过各种措施给予扶持，帮助其发展壮大，当市场机制成熟时再将其推向市场，这期间需要一个较长的过渡时期。政府需要做的是帮助这些渠道顺利渡过这一时期。另外，扩宽培养渠道

①《李娜谈对网球学校设想：理想与现实差距很大》，http://www.chinanews.com/ty/2014/02-23/5870546.shtml。

不代表仅仅拓展能够直接输送人才的这种渠道，“NBA 姚明篮球学校”给予了我们重要的启示。姚明在接受采访时曾说办篮球学校并不是培养职业运动员，近期更不可能培养出 NBA 人才，主要是让 16 岁以下的普通孩子参与其中，爱上篮球。让青少年爱上这项运动才是这类培养渠道的主要目的，无疑这一模式能增加竞技运动的群众基础，有利于该类竞技运动后备人才的培养。

(3) 提高运动员的成才率

“成才率”是反映竞技体育后备人才培养能力的最重要指标，提高竞技体育后备人才的成才率是世界各国公认的重点和难点。成才率是一个选材、训练、保障等各要素共同作用的结果，是一个复杂的系统工程，其对应的发展策略涵盖的范围也十分庞大。本研究单就较熟悉的网球运动领域简单分析一下部分国外运动员成才效率高的案例。

西班牙网球近几年快速的崛起是有目共睹的，在近十年 ATP 排名前 20 的球员中经常保持着 4～6 人的高比例。西班牙网球人才“香火不断”的一个重要原因是新老球员共同训练、新老球员共享教练、新老教练员共同执教的一种培养体系。看看西班牙知名的网球球员的培养经历就知道这一培养体系对青少年运动员的成长尤为有益。1993 年的法网冠军布鲁格拉与 1999 年和 2001 年法网决赛球员克雷特加，他们年少时都曾同先前著名的大满贯球员桑切斯、科斯塔等一起训练；而受益这一培养体系的前世界第一球员莫亚、费雷罗也经常陪同年少时期的纳达尔、阿尔玛格罗一起训练，再加上新老球员经常共享知名教练的指导，这使得新球员在老球员的帮助下，在知名教练指导下，能够快速成长、成才。受益于这一体系的球员不止来自西班牙，像俄罗斯的萨芬、英国的穆雷年少时也都在西班牙接受训练，成年后都取得了优异的成绩。因此，积极吸取国外优秀的人才培养经验，创新适合中国的人才培养体系，是提高运动员成才率的根本。

2. 竞技运动项目的发展策略

(1) 大力推进职业联赛的发展，扩展职业联赛的范围

职业联赛对国家竞技项目竞技水平的提高起着重要的推动作用，大力发展职业化与市场化的职业联赛对中国竞技体育的可持续发展有着重要的作用。上海 ATP1000 赛，中国(北京)网球公开赛、广州网球公开赛的举办为中国网球运动的普及与发展起到了重要的作用。每当在这些赛事的举办期，知名球员的明星效应以及铺天盖地的媒体宣传，使得网球运动被广大中国民众所熟知、所了解。有了这些家门口的赛事，我们也有充足的“外卡”可以颁给我国那些年轻

的尚未有资格参加正赛的球员，使得他们可以提前与世界顶级的选手交流，获得大赛的经验。

职业化与市场化的职业联赛以及与之相匹配的后备人才培养体系其实也是当前中国竞技体育发展转型的重要内容，而职业化和市场化的不彻底是当前中国个别项目职业联赛问题陷入困境的主要原因。2013 年，人民网(人民日报主办)就中国职业体育联赛发展 20 年现状发表评论，认为改革不深入使中国职业联赛结恶之果，管办不分阻碍了联赛发展。① 因此，加快中国职业联赛体制改革是推进职业联赛发展的手段。另外，指望通过竞技运动的职业化，短期内快速提高竞技项目的水平是不现实的，根据本研究第四章的研究，职业联赛对国家或地区竞技运动水平的提高具有历史积优性，也就是它需要通过历史的积淀才能发挥更大的作用机制。虽然不能短时间内提高竞技运动水平，但是可以让竞技项目深入人心，增强项目的国际影响力和增加国家或地区的群众基础，最终有利于竞技体育的发展。

当前国际羽联与国际乒联的世界职业巡回赛在中国羽协和乒协的支持下大力开展起来，不仅在中国有多站赛事，而且全年赛事扩展到各个大洲。中国具有竞技优势项目的职业联赛在世界范围内开展，有利于这些项目在世界范围内的普及和竞技水平的提高，进而增加这些竞技项目在整体运动项目体系中的地位和价值。通过国际职业联赛的形式推广中国具有优势的竞技项目，不仅有利于项目自身的可持续发展，也有利中国竞技体育的可持续发展。

(2) 发挥政府职能，推动社会化运作

对于那些不适宜或短时间不能职业化、市场化运作但在国际上依然具有较大影响力的项目如竞技体操，政府在一定时期内还应持续加强对该项目建设的投资并积极寻找社会化运作之路。而对群众基础弱、市场价值较小的优势竞技项目，政府部门除了加强这些竞技项目的宣传力度，提高这些竞技项目的社会认知度，使这些竞技项目能够被广大社会人群所接纳并产生参与的意愿外，还应使这些传统竞技项目管理模式向“小政府大社会”的管理模式转变，只有社会需要的竞技项目才具有可持续发展的动力来源。

(二) “限制”性的可持续发展策略

“限制”的逻辑学含义是增加内涵、缩小外延，因此谈“限制发展”并不带意

①《体坛聚焦：联赛办成了“四不像”：中国职业体育二十年再破题(中)》，http://cpc.people.com.cn/n/2013/0328/c83083-20944789.html。

味着阻碍发展、放弃发展。依据马克思主义的辩证唯物主义，任何事物都具有两面性，因此竞技体育在发展的过程中也会伴有不利于竞技体育可持续发展现象的产生，王晨宇将这种在竞技体育活动中与其健康发展相伴而生的负面影响和结果称为“竞技体育发展的负义伴生现象”，并认为针对负义伴生现象提出的“约束机制”有利于竞技体育的科学发展。① 显然，这种“约束机制”也含有“限制”的思想。本研究在这里主要依据可持续发展的两个重要概念之一“限制”来论述相关的发展策略。

1. 创新为国争光的思维

2011 年国家体育总局颁布了《2011—2020 年奥运争光计划纲要》，该纲要继续肯定了竞技体育在振奋民族精神、增强民族自豪感和凝聚力方面的重要作用，也下达了在奥运会等大型国际赛事上继续争取优异成绩、为国争光的任务。确实一个国家竞技体育的水平是国家科技水平、经济水平甚至综合国力的象征，以竞技体育水平的强盛来显示国家的繁荣，以此为国争光也在情理之中。但反过来思考，除了优异的比赛成绩外，在竞技体育发展的过程中，在竞技运动竞赛过程中，还有没有其他能够显示国家精神、国家进步的东西呢？显然这个答案是肯定的！为国争光无疑是为了展示一个国家良好的国家形象，良好的国家形象不单单只包括国家层面的强盛特征，它还包括文明、民主、开放等国家层面的特征，公平、正义的社会层面的特征以及诚信、正直、善良、宽容、博大的国民层面特征。如果我们能够通过竞技体育这一载体展示国家富强、民主、文明、开放，社会公平、正义以及人民诚信、正直、善良等，这未尝不是更高层面的为国争光呢！因此，为国争光不应该仅停留在对高竞技水平的追求上，在竞技体育活动中展示其他正向性的特质也是为国争光的重要途径。

中国近几年越来越注重国家形象的建设。2011 年，旨在向世界展示中国繁荣发展、民主进步、文明开放、和平和谐国家形象的《中国国家形象宣传片》诞生了，来自体育领域的姚明、丁俊晖等 6 人呈现在由 50 人构成的《人物篇》中，可以说这 6 个体育人的个人形象代表了中国体育的形象，也代表了中国的国家形象。通过姚明东方式的含蓄的风度、迷人的微笑以及应对媒体的智慧等，国际社会看到的更多是一个来自古老东方国度的善意、智慧以及在现代工业社会的适应能力；通过郎平、邓亚萍等的拼搏、顽强，可以看到中国奋发图强的国家毅

①王晨宇：《中国竞技体育发展的危义体生现象及约束机制理论的系统构建》，北京体育大学 2009 年学位论文。

力;通过丁俊晖的含蓄,可以看到中国国家和谐、人们绅士的国家形象。当然他们在竞技体育取得的成就是他们能够展示中国国家形象的重要原因,但真正意义上能够代表国家形象的,应该是他们身上带有的各种正能量的特质。

除了通过运动员自身的特质能够为国争光外,在竞技体育事业的发展过程中、竞技比赛的过程中,所有能够表现出国家、社会、人民正能量的特质,无疑都可以成为为国争光的资源,而且这种资源的储量巨大而开发较少。因此,在竞技体育领域创新为国争光的思维和途径,不应仅仅局限于对竞技水平的追逐,这些思维的创新和资源的开发可以给中国竞技体育的发展提供良好的舆论环境,也可以成为中国竞技体育可持续发展的良好策略。

2. 国际体育责任的承担与国际体育角色的转变

田麦久(2009)在北京奥运会后中国竞技体育科学发展的目标设置论述中提到,中国竞技体育在科学发展的道路上,应该承担起积极推动国际竞技体育的科学发展与健康发展,为人类社会的幸福、为和谐世界的构建做出贡献的国际责任。由此可以看出,中国竞技体育的科学发展不是只顾自身水平的发展,它是需要协调整体国际体育的发展,需要对国际体育做出自己的贡献。竞技运动毕竟是各方参赛主体共同参与的活动,一个国家竞技体育的发展需要其他参与主体国家的协作与配合,离不开整个国际竞技体育环境的支持。正如同个人与集体、局部与整体的辩证关系,这两者是互相依赖、互相支持的关系,失去了可持续发展的国际竞技体育大环境的支持,中国竞技体育也很难独自做到可持续发展。因此,中国竞技体育可持续发展需要通过承担国际责任以维持一个良好的、能够给予可持续发展的国际体育环境,而且对利益的需求越多,承担的责任也就越大。

随着中国综合国力的提升、国际地位的提高、国际影响力的加大,中国应该首先树立起大国风范,中国在国际体坛的角色也应该由“参与者”向负责的“主持者”转换,以促进世界体坛公平、协调、均衡发展。中国竞技体育在国际体坛角色的转变,是科学发展观对中国竞技体育未来发展的要求。[①]科学发展观的综合要求是可持续发展,因此中国竞技体育可持续发展需要向“主持者”的国际体育角色转变,然而作为一个“主持者”不但需要长远发展的眼光更要承担起更多的国际责任。

①李湘浓、邹月辉、裘鹏:《我国竞技体育国际角色定位转换的动因及价值》,《天津体育学院学报》2009年第4期,第306-309页。

不论是更多国际体育责任的承担还是国际体育角色的转换，中国竞技体育的发展都不应该只注重自身发展的利益，需要协调多方的利益，甚至牺牲部分自身的利益以协调其他国家竞技体育的利益以及维持整个国际体育良性发展的大环境。

3. 竞技优势的让渡与技术合作

竞技优势的让渡与技术合作是相对于中国长期垄断竞技优势的项目而言的，它的目的是维护该项竞技运动的可持续发展，进而也能够获得更多满足中国竞技体育可持续发展的需要。针对当前中国乒乓球竞技优势的垄断特征，不论是广大体育学者还是政府官员都已意识到这项竞技运动发展存在的危机，于是也就有了中国乒乓球的“养狼计划”。“养狼计划”是一个典型的生态平衡的例子，它的实质就是通过让渡部分利益以达到整个竞技运动系统的平衡。

竞技体育活动要依靠各方选手的共同演出，竞技体育绝不仅仅是运动能力的较量，任何竞技行为都是与对手共同形成的，竞赛双方互为对方而存在。[①] 从系统生态学出发的观点认为，具有内在联系的共生主体能够形成共生关系并因共生产生“剩余”，“剩余”的出现使系统增值和发展。因此，互惠共生、共生进化是共生系统的本质，是自然界中一个主要的组织规则。如果竞争对手的实力过于孱弱会造成竞技运动竞技水平的低落，长此以往必然会使该项竞技运动失去对各种参与主体的吸引力，从而使处于共生关系的主体不能共生产生“剩余”，阻碍了竞技运动的发展也损害了各主体的既得利益。而通过竞技优势让渡或技术合作的形式，可以保障整个竞技过程的高水平性进而提高项目的可持续发展。

中国竞技体育可持续发展必须从国内与国际两个系统的协调中寻找出路，也应当从国际竞技体育的发展规律与趋势中探寻可持续发展的策略。因此许多学者提出的中国竞技体育“走出去”策略也值得我们去推广。参考诸多学者“走出去”的竞技体育发展战略，本研究从竞技优势让渡与技术合作两个方面尝试提出一些策略。

首先，可以采用“引进来”的模式。对一些拥有绝对优势的项目可以再放开一些，例如接收外国运动员参加国家队的集训以提高国家队的竞技水平。在开放性这一点上，欧洲的足球联赛以及美国职业篮球联赛给我们提供了很好的模板。

①田麦久：《论我国竞技体育科学发展的时代要求》，《体育科学》2006 年第 6 期，第 3-5 页。

其次，采取职业赛事海外扩展的策略。针对能够职业化、市场化运作的优势竞技项目，积极拓展海外职业联赛的市场。例如国际乒联职业巡回赛、国际羽联职业巡回赛等，在这些职业联赛拓展的初期，中国可以通过提供人力、技术等援助方式先把这些赛事发展起来，形成一种国际化的发展模式。

再次，采用“走出去援助”的模式。针对中国的优势竞技项目，可派遣优秀的教练员、运动员、科研人员等到竞技优势相对较弱的地区进行技术援助，也可以在国外建立训练培训机构，主动地培养自己的竞争对手。

最后，利用国际体育组织的协调机制，一方面加强与国际组织人员的交往，另一方面主动提出调整国际竞技体育秩序、格局的各种方案与建议，特别是竞技体育项目竞赛规则的改变、修订等。

本章小结

可持续发展的内涵包含了“需要”与“限制”两个基本概念，竞技运动竞争平衡强调系统要素的协调与“制衡”，因此竞争平衡的思想与可持续发展的理念具有一致性。

本章提出的中国竞技体育的持续发展策略包含了“发展”性策略和“限制”性策略。其中，“发展”策略是针对竞技水平相对较弱、发展遇到障碍的竞技项目，实行继续做大做强，满足广大需要的策略；而“限制”性策略主要针对中国具有绝对竞技优势的项目，实行适度限制、平衡发展的策略，它强调的是整个国际体育系统的可持续发展。

“发展”性策略主要从后备人才的发展策略、项目发展策略两个方面进行论述；而就后备人才匮乏的困境，本章主要从提高竞技运动从业兴趣以及消除择业影响人员的竞技运动职业偏见的角度注重论述。“限制”性的可持续发展策略是依据马克思主义的辩证观点“事物的两面性”来论述的，提出了创新为国争光的思维、承担国际体育责任、转换国际体育角色以及竞技优势的让渡与技术合作的发展策略。它的核心思想是通过对“失衡”态势的调整，使整个竞技运动的系统呈现动态的平衡状态，从而保证整个系统要素的完整性和功能正常化。

第八章 竞技运动竞争平衡实践探索研究

2016 年 5 月和 7 月，国家体育总局连续发布了《体育发展“十三五”规划》和《体育产业发展“十三五”规划》，其中职业体育、体育产业和竞技体育成为这两个规划的核心概念，这也预示了我国未来体育工作的重点内容。本章探讨足球联赛的历史与国家足球竞技实力的关系，同时增加网球运动项目为案例探讨竞技运动项目职业联赛与国家竞技运动水平的关系及对应策略，以期对中国竞技体育发展提供一定的参考价值。

第一节 职业足球赛事水平与国家足球竞技实力的关系及提升策略分析

一、职业足球联赛历史与国家足球竞技实力的关系分析

由于苏联和前南斯拉夫的解体，样本中的俄罗斯、乌克兰、克罗地亚、斯洛文尼亚、塞尔维亚、捷克、斯洛伐克 7 个国家足球联赛历史确认困难，因此本研究剔除这 7 个样本，仅就剩余 43 个国家的足球联赛历史与其 IFFHS 积分和与世界杯赋值和进行 Pearson 相关性分析，结果如表 8-1 所示。结果显示：43 支国家足球队所得的世界杯赋值和与联赛历史具有低度线性相关（Pearson 相关系数为 0.390），检验结果显示具有非常显著性差异（$P \leqslant 0.01$），可以认为国家职业足球联赛的历史对国家足球竞技水平具有低度的影响。

表 8-1 国家足球联赛历史与世界杯赋值和的 Pearson 相关性分析（$n=43$）

		世界杯赋值和	联赛历史
世界杯赋值和	Pearson 相关系数	1	0.390**
	双侧显著性检验		0.010

表 8-1(续)

		世界杯赋值和	联赛历史
联赛历史	Pearson 相关系数	0.390**	1
	双侧显著性检验	0.010	

注:** 表示在 0.01 水平(双侧)上显著相关; * 表示在 0.05 水平(双侧)上显著相关。

另外,在国家足球竞技水平与国民经济水平相关分析中,本研究抽取了2002—2014 年的平均国内生产总值(GDP)、平均国民总收入(GNI)以及人均国内生产总值和人均国民总收入一一进行了 Pearson 相关分析,结果显示:50 支国家足球队所得世界杯赋值和与国家国内生产总值(GDP)、国家国民总收入(GNI)、人均国内生产总值和人均国民总收入的 Pearson 相关度较弱且检验结果不具有显著性差异,因此不能认为这些变量之间存在线性相关。但在统计样本中发现,所有进入这 4 届世界杯决赛圈的国家的经济收入水平至少为中等收入国家,由此可推测:国家经济收入水平是影响足球竞技水平的基础性要素。

二、提高我国足球竞技水平的联赛策略

由于国家职业足球联赛水平与国家足球竞技水平有着较高的正相关性,通过提高国内职业足球联赛水平来提高国家足球竞技水平是一个可行的方案。在影响国家职业足球联赛水平的诸多因素中(如联赛俱乐部在洲际比赛中的成绩、联赛中外籍球员的数量、该联赛在该国以外的收视率、联赛激烈程度以及联赛密度等),选择适宜的影响因素并进行合理操控可以提高我国足球联赛的水平,进而提高我国的国家足球竞技水平。

首先,如何通过提高外籍球员比例来促进中超联赛的水平?

拉斐尔 · 波利(Raffael Poli)和 罗杰 · 贝松(Roger Besson)(2010)调查了UEFA 2008 年欧洲足联 30 支足球联赛的外籍球员比例,发现这 30 支足球联赛外籍球员的比例与国家足球联赛水平具有一定的相关性($R^2=0.468$)。因此,积极地引进外籍球员往往被认为是短期内提高国家足球联赛水平的一个重要手段。通过对中国超级足球联赛的外籍球员人数的统计发现,其外籍球员比例虽然自 2008 年后呈现逐年递增的趋势(2014 年其比例达到了 15.29%),但外籍球员的比例依然远远落后于欧洲足球联赛(欧洲排名前 30 位的足球联赛外

籍球员比例平均为45.13%)。[①] 是不是只要提高外籍球员比例就能提高联赛的水平呢？答案是否定的！2014年韩国K联赛IFFHS排名全球第24位，日本J联赛排名32位，显然高于中国的第56位，但韩国K联赛的外籍球员比例仅为8.19%，日本J联赛的外籍球员比例为12.67%。显然简单地提高外籍球员比例并不能直接提高国家足球联赛的水平，还需要考量外籍球员的特征。例如，同样对国家足球联赛投入巨大的中亚地区如沙特，不惜重金引入了大量南美地区巴西和阿根廷的高水平球员(依据球员来源地区、转会费以及球员工资判断)，其足球联赛的IFFHS排名和韩国、日本处于同一层次，远高于中国；而从欧洲高排名足球联赛的外籍球员的来源地来看，南美地区是欧洲高水平足球联赛外籍球员(非欧洲籍)的主要来源地。因此，提高高水平外籍球员的比例，尤其是来自南美地区高水平外籍球员的比例，是提高中超足球联赛水平和影响力的一个重要手段。

其次，多高的外籍球员比例对提高国家足球竞技水平起到积极作用？

对欧洲各国足球联赛1996—2014年外籍球员比例变化趋势、欧足联与部分国家对外籍球员使用限制条款变化、国家联赛外籍球员比例与国家足球队在欧洲杯以及世界杯上表现的对应关系进行的综合分析显示：欧洲足球联赛在1996—2005年这一时间段的，外籍球员比例大幅提高，联赛水平和IFFHS排名提高。但2004年，英国、法国、德国、意大利、西班牙传统强队在1/4欧洲杯决赛后全部出局，联赛外籍球员比例过高是被认为是造成这些传统足球强队实力相对下降的一个重要原因。此后，欧足联和部分国家足协为了维护欧足联利益或提高国家队的实力，对外籍球员使用做了一些限制或要求。自2006年后，欧洲足球联赛整体外籍球员比例增加趋势已经大幅度减缓，而像德国、西班牙等足球联赛的外籍球员比例已经下降，外籍球员比例下降后的德国、西班牙国家足球队的竞技水平却大幅度上升。2015年，一直采取高外援比例政策的英超联赛(2015/2016赛季外籍球员比例高达68%)，因其国家队在世界杯和欧洲杯上糟糕的表现，也开始实行“外援新政”，旨在减少外籍球员的数量并增加本土球员的人数。由此可见，虽然提高外籍球员比例可以提高国家足球的竞技水平，但是过高的外籍球员比例会抑制本土球员的发展进而影响国家足球竞技水平。

---

①许婕、赵均:《中日韩与欧洲足球联赛外籍球员特征对比分析》,《南京体育学院学报》(自然科学版),2014年第4期,第7-10页。

参考UEFA联赛排名系数，分析不同层次国家足球竞技水平及不同层次国家足球联赛外籍球员的比例显示：当前国家足球联赛水平和国家竞技水平均处于第一层次的德国、西班牙、意大利、法国和葡萄牙等，其外籍球员比例在45%左右；国家足球联赛水平和国家竞技水平均处于第二层次的荷兰、瑞士、土耳其、乌克兰等，外籍球员比例在35%左右；国家足球联赛水平和国家竞技水平处于第三层次的瑞典、塞尔维亚、斯洛伐克、保加利亚、斯洛文尼亚等，外籍球员比例在25%左右。鉴于中国与欧洲各国家地缘、政治和经济的差异性，考虑到韩国和日本在足球世界杯表现与其联赛排名的不对称性，再充分考虑中国当前大力推动职业体育发展的大背景和中国国家足球竞技水平，本研究认为：中超足球联赛外籍球员比例的可提高至30%左右，这一比例接近国家足球联赛水平和国家竞技水平均处于第二层次的荷兰、瑞士、土耳其等国家的外籍球员比例，这一比例迎合了我国职业体育发展对足球联赛水平提高的要求和目标。虽然这一比例在当前限制了国内球员发展的空间，但是却可以通过联赛水平的提高来扩大中国足球人口和树立国民对中国足球的信心，通过经济刺激创造健康的足球文化和良好的足球产业发展模式，这样可以为足球后备人才创造良好的成长和发展环境，进而提高中国未来国家足球的竞技水平。

最后，如何通过操控联赛的激烈程度来提高足球联赛水平和国家足球竞技水平？

“竞争平衡”是职业体育联赛符合市场经济发展规律的一种原则，也是欧美职业体育联赛健康发展普遍遵循的操作理念。“竞争平衡”（行使主体）通过宏观调控市场份额和球队数以及优秀运动员资源，调控着俱乐部之间的竞争实力处于一个大致均衡的状态，保证比赛结果的不确定性和比赛竞争激烈程度，因此“竞争平衡”的过程也是一种调控手段。竞争平衡为每个球队均提供了夺冠的可能，因此能够保持俱乐部的积极性，进而保持着联赛组织构架的稳定性；竞争平衡提供着高质量的赛事产品，因此也能让职业赛事对消费者产生持续的吸引力，进而保证联赛资本环境的可持续性；竞争平衡还能维护组织者对利润追求的最大化诉求，进而保证联赛发展的动力来源。因此，控制联赛的竞争平衡可以促进足球联赛发展的可持续性。此外，竞争平衡理念和手段因脱胎于经济学竞争均衡理论和观众对体育赛事产品高需求量实践的检验，本身就与上座率和收视率紧密相关，竞争平衡也是提高我国足球联赛收视率的重要手段。

依据严文华等（2015）、李伟等（2015）的研究，中超足球联赛与欧洲成熟的足球联赛相比呈现出竞争性高度不平衡的状态。当前“恒大模式”的突现更是加剧了中超足球联赛的竞争失衡和财政失衡，再加上当前中超足球联赛并不稳定的投资运营模式和缺少类似《欧足联俱乐部资格许可和财政平衡规定》的财政规制，中超足球联赛正面临着资本泡沫，这为中超足球联赛的良性发展带来高风险和隐患。中超足球联赛需要通过财政平衡与竞争平衡以及相应配套制度的改革等进行规制，提高平衡态势，进而提高联赛的水平。

竞争平衡保障着竞赛的激烈程度和良性运营的球员转会市场，因此它可以为国内球员提供压力性的技战术，提高诉求环境、稳定的生存和发展的俱乐部环境以及良性运营的转会市场，它推动着国内球员技战术水平的提高和国内良性足球竞训制度的发展，有利于国家足球竞技水平的提高。

第二节　职业网球赛事水平与国家网球竞技实力的关系及提升策略分析

一、职业网球赛事与国家网球竞技水平的关系分析

职业网球赛事自 1877 年温布尔顿网球锦标赛诞生以来，逐渐主导了现代网球运动的发展趋向，各国球员在职业网球巡回赛上的竞技表现代表着国家的网球竞技水平。职业网球巡回赛是一个完全开放的职业赛事，但一个国家或地区内的职业网球赛事数量、历史以及赛事的级别是否能对国家网球竞技水平产生影响有待进一步探讨。

笔者以 ATP 世界巡回赛为例分析职业网球赛事与国家网球竞技水平之间的关系。1973 年建立起来的 ATP 世界积分排名体系是目前对男子网球选手排名最权威、最全面的标准体系，ATP 世界年终排名能够充分代表职业网球选手的竞技水平。本研究统计 1973—2015 年(1981 年资料缺失)共计 42 年各国进入世界排名前 20 位(简称 TOP20)的球员人数，以此代表该国家网球的整体竞技水平。本研究统计筛选出的 46 个国家的 ATP250 及以上级别的赛事数量、赛事级别和赛事历史，其中“最高赛事冠军积分”代表该国家拥有职业网球赛事的最高级别，“平均赛事冠军积分”代表该国家拥有职业网球赛事的平均级别。具体要素数据如表 8-2 所示。

表 8-2 国家网球竞技水平与网球职业联赛各要素数据统计

国家	赛事数量	最高赛事冠军积分	赛事冠军积分和	平均赛事冠军积分	最长赛事历史/年	赛事历史和/年	平均赛事历史/年	TOP20人数
美国	13	2 000	7 750	596.15	134	890	68.46	53
西班牙	3	1 000	2 000	666.67	63	96	32.00	19
瑞典	2	250	500	250.00	46	113	56.50	19
法国	6	2 000	4 000	666.67	124	277	46.17	14
澳大利亚	3	2 000	2 500	833.33	130	281	93.67	13
阿根廷	1	250	250	250.00	22	22	22.00	13
俄罗斯	2	250	500	250.00	25	45	22.50	8
德国	5	500	1750	350.00	123	305	61.00	7
捷克	0	0	0	0	0	0	0	7
克罗地亚	2	250	500	250.00	25	34	17.00	6
英国	3	2 000	2 500	833.33	138	225	75.00	6
荷兰	2	500	750	375.00	43	68	34.00	6
智利	1	250	250	250.00	22	22	22.00	5
意大利	1	1 000	1 000	1 000.00	85	85	85.00	4
瑞士	3	500	1 000	333.33	47	87	29.00	4
乌克兰	0	0	0	0	0	0	0	4
奥地利	2	500	750	375.00	70	111	55.50	3
斯洛伐克	0	0	0	0	0	0	0	3
南非	0	0	0	0	0	0	0	3
塞尔维亚	1	250	250	250.00	6	6	6.00	2
厄瓜多尔	1	250	250	250.00	0	0	0.00	2
加拿大	1	1 000	1 000	1 000.00	134	134	134.00	1
巴西	2	500	750	375.00	14	15	7.50	1
日本	1	500	500	500.00	42	42	42.00	1
罗马尼亚	1	250	250	250.00	22	22	22.00	1
摩洛哥	1	250	250	250.00	31	31	31.00	1
马来西亚	1	250	250	250.00	6	6	6.00	1

表 8-2(续)

国家	赛事数量	最高赛事冠军积分	赛事冠军积分和	平均赛事冠军积分	最长赛事历史/年	赛事历史和/年	平均赛事历史/年	TOP20人数
印度	1	250	250	250.00	19	19	19.00	1
泰国	1	250	250	250.00	12	12	12.00	1
保加利亚	1	250	250	250.00	0	0	0.00	1
比利时	0	0	0	0	0	0	0	1
拉脱维亚	0	0	0	0	0	0	0	1
匈牙利	0	0	0	0	0	0	0	1
塞浦路斯	0	0	0	0	0	0	0	1
芬兰	0	0	0	0	0	0	0	1
波兰	0	0	0	0	0	0	0	1
巴拉圭	0	0	0	0	0	0	0	1
葡萄牙	1	250	250	250.00	25	25	25.00	0
摩纳哥	1	1 000	1 000	1 000.00	118	118	118.00	0
墨西哥	2	500	750	375.00	38	38	19.00	0
阿联酋	1	500	500	500.00	22	22	22.00	0
新西兰	1	250	250	250.00	59	59	59.00	0
哥伦比亚	1	250	250	250.00	23	23	23.00	0
卡塔尔	1	250	250	250.00	22	22	22.00	0
中国	3	1000	1750	583.33	18	36	12.00	0
土耳其	1	250	250	250.00	0	0	0.00	0

数据来源：ATP 官网、部分国家网球协会官网及维基百科。

以“国家 TOP20 人数”为因变量，以“赛事数量”“最高赛事冠军积分”“最长赛事历史”为自变量进行相关性分析，并以“赛事数量”为控制变量，以“国家 TOP20 人数”为因变量，以“平均赛事积分”“赛事积分和”“平均赛事历史”“赛事历史和”为自变量进行偏相关分析。分析结果显示：在 1973—2015 年的 42 年内，“国家 TOP20 人数”与国家拥有的“赛事数量”具有高度相关性，与“最高赛事冠军积分”呈现中度相关性，与国家的“最长赛事历史”和“赛事历史和”呈现低度相关，与其他变量没有统计学意义，具体如表 8-3 和表 8-4 所示。

表 8-3 “国家 TOP20 人数”与“赛事数量”“最高赛事冠军积分”“最长赛事历史”的相关性分析(n=46)

		国家 TOP20 人数	赛事数量	最高赛事冠军积分	最长赛事历史
TOP20 人数	Pearson 相关系数	1	0.841**	0.549**	0.473**
	双侧显著性检验		0.000	0.000	0.001
赛事数量	Pearson 相关系数	0.841**	1	0.725**	0.648**
	双侧显著性检验	0.000		0.000	0.000
最高赛事冠军积分	Pearson 相关系数	0.549**	0.725**	1	0.864**
	双侧显著性检验	0.000	0.000		0.000
最长赛事历史	Pearson 相关系数	0.473**	0.648**	0.864**	1
	双侧显著性检验	0.001	0.000	0.000	

注：** 表示在 0.01 水平(双侧)上显著相关；* 表示在 0.05 水平(双侧)上显著相关。

表 8-4 “国家 TOP20 人数”与“平均赛事积分”、“赛事积分和”、“平均赛事历史”以及“赛事历史和”的偏相关分析(n=43)

		国家 TOP20 人数	赛事 积分和	赛事 历史和	平均 赛事积分	平均赛事 历史
国家 TOP20 人数	Pearson 偏相关系数	1.000	0.193	0.375	−0.244	−0.078
	双侧显著性检验	—	0.203	0.011	0.106	0.612
赛事积分和	Pearson 偏相关系数	0.193	1.000	0.522	0.492	0.378
	双侧显著性检验	0.203	—	0.000	0.001	0.010
赛事历史和	Pearson 偏相关系数	0.375	0.522	1.000	0.183	0.540
	双侧显著性检验	0.011	0.000	—	0.230	0.000
平均赛事积分	Pearson 偏相关系数	0.244	0.492	0.183	1.000	0.824
	双侧显著性检验	0.106	0.001	0.230	—	0.000
平均赛事历史	Pearson 偏相关系数	−0.078	0.378	0.540	0.824	1.000
	双侧显著性检验	0.612	0.010	0.000	0.000	—

注：** 表示在 0.01 水平(双侧)上显著相关；* 表示在 0.05 水平(双侧)上显著相关。

基于上述相关性分析，以“国家 TOP20 人数”为因变量，以“赛事数量”为自变量，建立线性回归方程和线性回归图，模型结构与检验如表 8-5 和图 8-1 所示。

表 8-5　线性回归方程模型结构、检验及方差分析一览表

模型结构	R	R^2	F	Sig.
$Y=3.43x-0.72$	0.841	0.708	106.495	0.000

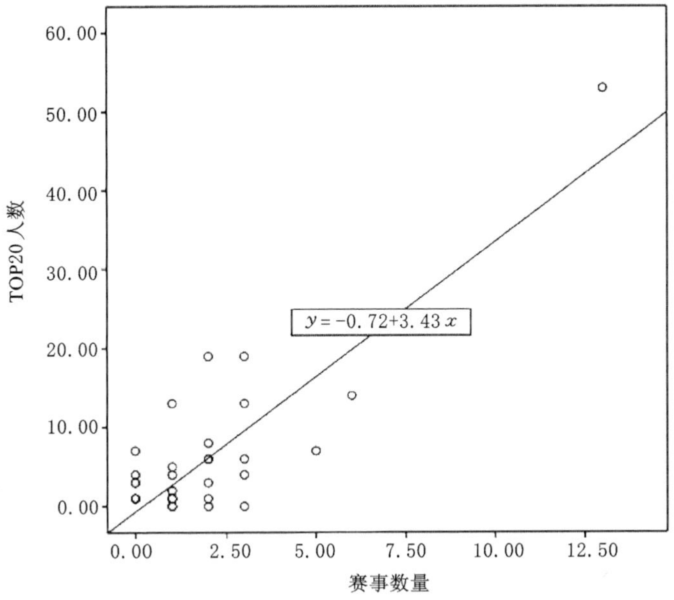

图 8-1　“国家 TOP20 人数”与“赛事数量”线性相关图

检验结果显示，模型的 R 值为 0.841，R^2 为 0.708，即模型可以反映 70.8%的原始数据信息量，另外，方差分析 $F=106.495$，具有非常显著性差异($P<0.01$)，由此认为模型精度良好。从方程结构来看，国家拥有的 ATP250 及以上级别的赛事数量每增加 1 个，42 年内可使得本国家的世界 TOP20 人数增加2.71个，表明国家拥有的 ATP250 及以上级别的职业网球赛事数量对于国家网球的竞技实力具有明显作用。

二、提高我国国家网球竞技水平的职业赛事策略

首先，增加我国高级别职业网球赛事的数量。

我国当前拥有 3 个 ATP250 及以上级别的职业网球赛事，排在美国(13 个)、法国(6 个)、德国(5 个)之后，与西班牙、澳大利亚、英国、瑞士拥有的 ATP250 及以上级别的网球赛事的数量一致。虽然拥有的赛事数量不少，但与

排名第一的美国(13个)依然还有较大的差距,而美国是公认的世界网球强国(拥有的TOP20人数远高于其他国家)。直接增加我国ATP250及以上级别的网球赛事数量,一方面能够提高网球这项运动在我国诸多赛事中的曝光率,提高网球在国内的影响力,形成较大规模的网球产业,最终形成以职业赛事为导向的网球运动发展模式,迎合我国竞技体育体制改革的趋向,为我国网球运动的发展注入高效能的新动力。另一方面,可以大大增加中国球员选赛的空间和自由度,直接提高我国网球选手参加高级别职业赛事并与TOP20选手交手的机会,提高我国网球选手的竞技水平。

其次,构建中国职业网球赛季形成特征鲜明的亚洲赛事阶段。

从世界ATP赛事坐落的地理位置来看,73.97%的ATP250及以上级别的职业网球赛事坐落于欧洲和北美,而全球人口最多的亚洲地区拥有ATP250及以上级别的职业网球赛事比例仅为12.33%,如果以每亿单位人口拥有的赛事数量来看,亚洲拥有的赛事数量更是少得可怜(表8-6)。如果从赛事所处的特定地理和气候条件以及赛事类型的聚类特征上来看,全年73个男子职业网球巡回赛事呈现了特征鲜明的5个赛事阶段,即1月至4月初的澳洲室外硬地赛事阶段,4月中至6月初的环地中海红土赛事阶段,6月中至7月中的西欧草地赛事阶段,7月底至9月中的北美快速硬地赛事阶段以及9月底至12月底的欧洲室内赛事阶段。这5个赛事阶段特征鲜明、历史悠久,举办地相对集中有利于参赛选手的赛程安排。其中北美快速硬地赛事阶段,合理的赛事举办时间和地点安排再加上单独设立的积分榜和额外奖金形成了极具竞争力的"北美系列赛模式"。与之相比,亚洲所拥有的赛事不仅相对数量较少且举办时间相对分散,不成模式和系列,这终将难以与北美、欧洲、大洋洲地区的网球系列赛事竞争,造成亚洲赛事影响力的下降。因此合理地增加我国和亚洲地区的ATP赛事数量,不仅有利于亚洲形成特征相对鲜明、赛程紧密的亚洲赛事阶段,形成与北美和欧洲等地区相竞争的实力,也有利于亚洲国家尤其是中国形成良好的职业赛事环境,促进我国网球竞技水平的提高。

表8-6 世界各地区拥有ATP250及以上级别的职业网球赛事数量

地区	欧洲	北美洲	亚洲	南美洲	大洋洲	非洲
赛事数量	38	16	9	4	5	1
人口/亿人	7.38	4.73	41.6	3.02	0.29	12
每亿人口拥有赛事数量	5.15	3.38	0.22	1.32	17.24	0.08

最后，从赛事历史角度深构中国职业网球赛事内涵。

由前面的相关性分析得知，一个国家职业网球年终排名 TOP20 人数与该国“最长赛事历史”和“赛事历史和”具有低度相关性。虽然是低度相关，但每一个男子网球强国如美国、澳大利亚、法国、西班牙、瑞士等，均有不少于 20 年的职业网球赛事历史，而这至少是一代球员的成长时间。中国职业网球赛事数量从零发展到现在具有了初步的规模，这为扩大网球人口、提高网球选手竞技水平起到了重要的作用，但相对较短且不连续的赛事历史（中网 18 年的历史却经历了停办 6 年的尴尬，上海 ATP1000 大师赛的历史源头上海喜力网球公开赛于 2004 年停办。）还没有形成稳定的网球赛事文化（例如中国网球公开赛早期冠军奖杯的多次更换），也还没有给新一代网球选手提供成长的职业赛事环境（中国网球后备人才的培养体系没有发生本质性的变化），这些都依然制约着中国网球竞技水平的提高。因此，增加中国的网球赛事数量仅仅是外部手段，而通过职业网球赛事的创办和深耕，使其成为网球后备人才培养的动力泵；将网球赛事运营长远化，沿赛事历史进程全面深化中国职业网球赛事内涵，使其涵盖体育产业发展、后备人才培养、竞技体育体制改革三大领域；将中国竞技体育改革和发展的外部手段内在化，这才是提高中国网球竞技水平的本质途径。

当前，中国职业网球赛事的内涵已经初显，它已经推动了中国职业网球体制改革的前行，例如李娜、彭帅、郑洁、晏紫等单飞模式的开启，也造就了王蔷等新培养模式出来的金花小将，这些都在中国女子职业网球的突起过程中起到了极重要的推动作用。但中国职业网球赛事的内涵还没有完全深化和全面凸显，除了需要提高赛事自身的质量和影响力之外，还需在培养网球人口的群众体育领域中亲力亲为，在竞技体育体制改革领域中走在前、走得快、走得好，在体育产业领域中做得了表率、建立起行业规范、树立起产业形象，总之成为中国职业体育发展的排头兵，这不妨看作中国职业网球赛事的深层内涵。

本章小结

国家职业足球赛事的水平和职业网球赛事的数量对一个国家的足球和网球竞技水平的提高是明显的，它符合竞技运动项目发展的规律和特征。对于当前市场化主导发展的竞技运动项目，中国可通过提高赛事水平或增加赛事数量来提高该项目国家队的竞技实力。

不同项目的职业赛事因对外籍球员的开放程度不同，所以对国家竞技水平的影响具有差异性。对于像足球联赛这样对外籍球员数量有限制的职业赛事，中国足协不妨放宽对外籍球员使用限制，以最终旨在提高中国国家足球的竞技水平。

较长的竞技运动联赛历史更容易孕育成熟、健康的竞技制度文化和竞技精神文化，从而使整个竞技运动的管理具有有序性和实效性，为国家竞技运动组织发展提供行为准则、思想体系和价值观念。中国国家竞技运动水平的提高需要从历史角度深构职业体育赛事文化内涵。

职业赛事的历史对国家竞技运动水平的提高具有积极意义，但在市场经济环境下受市场经济诸要素的冲击和挑战。市场经济要素既是我国职业体育赛事发展的机遇要素也是挑战要素，合理搭建社会主义市场经济模式与职业体育赛事之间的桥梁，是我国职业体育赛事发展的突破口，也是提高国家竞技水平的突破点。

附录 专家访谈提纲

尊敬的专家：

您好！鉴于对竞技运动发展规律的探索以及对中国竞技体育可持续发展策略的思考，我们当前正在就“竞技运动竞争平衡理论与实践”课题展开研究，力争从哲学、社会学、历史学和训练学等角度研究竞技运动竞争平衡的规律和机制。针对竞技运动发展过程的变化特征、影响因素、作用机理、竞争与协同的关系以及中国竞技体育可持续发展的理念等研究内容，希望得到您的观点和建议。您是体育学方面的专家，您的见解对本研究具有重要作用。衷心感谢您的支持和帮助！

“竞技运动竞争平衡理论探索与实践”课题组

1. 夏季奥运会竞争格局由早期的美国与西欧两极竞争格局发展至苏联与美国两极竞争的格局再到现今的美中俄三极竞争格局，您认为引起奥运会竞争格局变化的因素有哪些？奥运会竞争格局演变呈现了哪些特征？

2. 当前西欧和南美是足球运动竞技优势最为集中的地方，您认为造成这一现状的原因是什么？您认为当前足球运动发展的趋势有哪些特征？足球职业化发展能给足球竞技优势的均衡化发展起到作用么？

3. 针对乒乓球优势转移的轨迹（西欧—日本—中国），您认为影响乒乓球竞技优势转移的因素有哪些？乒乓球竞技优势转移呈现了哪些特征？就中国乒乓球采取类似“养狼计划”的平衡策略，您认为如何处理好竞技运动的竞争与协同的关系？

4. 您认为职业化和市场化是现代竞技运动发展的主流趋势么？您认为哪些项目适合市场化操作，哪些项目需要由政府主导发展呢？这些项目都有哪些特征？不同主导发展形态的竞技运动其发展的影响因素又有哪些？

5. 您认为竞技运动竞争系统的构成要素有哪些？这些要素性质的变化对

竞技运动竞争格局的产生和变化或竞技优势的产生、转移有哪些影响？

6. 您认为中国足球职业化过程中出现了那些问题？造成这些问题的原因有哪些？中国竞技体育体制如何改革才能适应市场化、职业化发展的要求？

7. 您是如何理解可持续发展的理念？您是如何看待中国持续加强竞技体育“为国争光”的价值取向？中国竞技体育可持续发展的价值取向应该是什么？

8. 对于中国具有较大优势的竞技项目其可持续发展的策略有哪些？对于提高中国相对较弱的竞技项目水平您有哪些建议？

再次感谢您的帮助和建议！

参考文献

曹景伟,2001.第24~26届奥运会各竞技强国优势竞技运动项目研究[J].体育科学,21(1):39-43.

初永和,2003.世界足坛的格局及对中国足球的启示[J].西安体育学院学报,20(2):93-94.

冯瑞,2010.中国竞技体操制胜规律探骊[D].上海:上海体育学院.

葛耀,李可可,施鲜丽,2006.世界男子篮球竞技格局的演变及发展趋向[J].首都体育学院学报,18(3):92-95.

龚波,徐一博,董众鸣,等,2011.世界足球区域格局及其文化背景探析[J].上海体育学院学报,35(2):86-90.

鼓浪,1990.亚洲足球"皇冠"属谁?:展望第十一届亚运会足球比赛[J].中国体育科技,26(Z1):50-53.

郭涤,李忠,邓小林,2003.新中国男子篮球竞赛格局发展的量化分析[J].天津体育学院学报,18(1):57-59.

何文胜,张保华,吴元生,2009.职业体育联盟竞争平衡的测量与分析[J].体育科学,29(12):12-18.

黄胜初,1993.竞争与协同的矛盾是推动体育运动发展的原动力:体育的哲学思考[J].武汉体育学院学报,27(2):76-80.

黄文敏,张扬文,2008.从北京奥运会奖牌榜剖析世界体坛竞争格局[J].体育学刊,15(12):73-76.

蒋加华,1993.欧洲冬、夏季奥运会形势及其趋势[J].中国体育科技,29(2):20-26.

金一虹,1984.平衡概念探索[J].人文杂志(6):18-21.

金宗强,李宗浩,叶加宝,等,2008."后奥运时代"我国竞技体育可持续发展的宏观对策研究[J].天津体育学院学报,23(1):53-56.

雷桂成,2002.试析奥运会金牌榜与综合国力关系[J].浙江体育科学,24(1):29-32.

李江帆,张保华,蔡永茂,2010.职业体育俱乐部体育竞争与经济收益关系研究[J].体育科学,30(4):21-25.

李宁,1990.亚运会三足鼎立格局形成的特点[J].武汉体育学院学报,24(1):63-66.

李伟,陆作生,张绍良,2015.对中国足球职业联赛竞争机制的思考:基于“恒大模式”对联赛竞争平衡的冲击[J].体育学刊(1):23-27.

李卫,2001.中国竞技体育区域发展的理论与实证研究[D].北京:北京体育大学.

廖佳,2009.美俄法澳四国竞技体育体制的组织机构比较[J].上海体育学院学报(2):34-39.

凌玲,2010.亚洲田径运动竞技优势转移分析研究[D].西安:陕西师范大学.

凌平,2000.奥运会、亚运会、全运会竞争格局的比较研究:以亚运会田径项目为例[J].浙江体育科学,22(3):10-14.

凌平,2003.中国体育发展观念的变迁与前瞻[J].山东体育学院学报,19(1):5-10.

刘嗣明,2014.经济体制、政治体制与社会制度的关系研究[M].北京:中央编译出版社.

刘卫东,2008.竞技篮球运动制胜规律的研究[D].苏州:苏州大学.

鲁国斌,杨爱军,2003.亚洲田坛格局裂变给中国田径的启示[J].湖北体育科技,22(1):21-23.

鲁国斌,熊焰,徐佶,2002.[J].广州体育学院学报,22(2):4-6.

骆先鸣,1994.亚洲男子田坛格局展望[J].田径(3):4.

茅洁,2011.我国赛艇项目特点及制胜规律的研究[D].北京:北京体育大学.

南奎,1990.东亚一统天下　三强势成鼎足:谈谈第十一届亚运会男女排球赛[J].辽宁体育,12(8):21-22.

彭嘉琦,翟丰,2012.从第14届世界游泳锦标赛看世界泳坛格局及中国国家游泳队的定位[J].中国体育科技,48(1):106-111.

曲鲁平,姚侠文,司洪旭,2011.世界优秀女子跳马运动员高难动作完成情况的对比分析:兼论2012年伦敦奥运会女子跳马竞争格局[J].中国体育科技,47(5):20-24.

饶远,1990.从德黑兰亚运会到北京亚运会:新中国在亚运史上的升迁与反思[J].成都体育学院学报,16(1):19-24.

任海,王芳,赵卓,2010.论体育强国的国际影响力[J].中国体育科技,46(1):3-9.

任海,2011."竞技运动"还是"精英运动"?:对我国"竞技运动"概念的质疑[J].南京体育学院学报(社会科学版),25(6):1-6.

任勇,关亚军,文学民,2009.现代冬季奥林匹克运动发展态势和格局的研究[J].哈尔滨体育学院学报,27(4):16-19.

沈艳,2011.第21届冬奥会速度滑冰项目竞争格局变化特征分析[J].吉林体育学院学报,27(2):68-69.

宋守训,史康成,1993.巴塞罗那奥运会诸强实力格局的评估[J].中国体育科技,29(2):5-13.

孙民治,2003.从篮球运动本质及发展进程论国际强队的格局与形成要素[J].体育学刊,10(6):109-112.

陶双宾,林李楠,2011.社会转型中的资源配置:中国竞技体育地区分化与差异研究[J].体育科学,31(7):3-7.

田麦久,刘筱英,1984.论竞技运动项目的分类[J].体育科学,4(3):41-46.

田麦久,2005.国际竞技体育格局的"雅典重组"与中国竞技体育的科学发展[J].成都体育学院学报,31(2):1-6.

田麦久,1986.试论1986—1988年亚运会、奥运会我国竞技项目的等级配置[J].体育科学,6(1):29-34.

田麦久,2009.北京奥运会后我国竞技体育科学发展的目标设置[J].天津体育学院学报,24(6):461-464.

田麦久,2006.试论我国竞技体育的科学发展与国际责任[J].武汉体育学院学报,40(12):1-6.

汪伟信,2002.现代足球发展的潮流与格局[J].山东体育学院学报,18(3):24-27.

王德新,2010.现代男子拳击运动技战术特征研究[D].上海:上海体育学院.

王建国,2005.NBA制衡机制的研究[D].北京:北京体育大学.

王景连,赵崇珍,1997.试论现代体育的可持续发展[J].体育科学,17(3):30-32.

王庆伟,2004.我国职业体育联盟理论研究[D].北京:北京体育大学.

王斑斑,杜少武,樊谦,2011.世界优秀乒乓球单打运动员制胜因素分析[J].体

育文化导刊 (1):50-53.
王欣,2013.球员跨国流动对世界足球运动发展的影响:基于博斯曼法案实施前后的实证分析[J].上海体育学院学报,37(6):34-38.
未来,1990.亚洲羽坛新格局及亚运羽球大战浅析[J].中国体育科技,26(Z1):57-60.
魏旭波,1991.从第11届亚运会体操比赛看亚洲体操新格局[J].武汉体育学院学报,25(1):38-40.
文超,李相如,1994.从东亚运田径赛展望第12届亚运会田径比赛前景[J].北京体育师范学院学报,6(1):91-94.
肖焕禹,何荣,刘静,等,2004.奥林匹克运动新格局及其面临的挑战[J].体育科研,25(6):11-14.
肖林鹏,2002.中国竞技体育可持续发展战略目标初探[J].西安体育学院学报,19(3):4-6.
晓屈,1990.亚运女篮的新格局:亚洲女篮三强实力分析[J].辽宁体育,12(7):34-35.
谢琼桓,1998.从可持续发展的角度看体育的现状和未来[J].浙江体育科学,20(1):7-10.
谢琼桓,2011.论北京奥运后中国竞技体育的价值取向和策略取向[J].武汉体育学院学报,45(11):5-14.
谢雪峰,2011.竞技体育生态的本质体现:竞争与协同[J].上海体育学院学报,35(4):7-9.
谢亚龙,王汝英,等,1992.中国优势竞技项目制胜规律[M].北京:人民体育出版社.
熊文,周全,田祖国,2005.竞技体育可持续发展的伦理意蕴[J].中国体育科技,41(4):14-16.
熊晓正,2009.关于"体育强国"的几点认识[M]//中国科协学会学术部.中国体育:体育强国的辨析与建设.北京:中国科学技术出版社.
严文华,杨倩,2015.中国足球超级职业联赛的竞争性平衡分析:基于相对积分率标准差法[J].成都体育学院学报(3):12-18.
杨国庆,饶远,1989.亚洲三强鼎立格局变化的思索:中、日、南朝鲜体育发展的比较研究[J].福建体育科技,8(1):5-10.
易剑东,2011.中国体育体制改革的逻辑基点与价值取向[J].体育学刊,18(1):

14-25.

郁静,李协荣,黑晓虎,2001. 中、日、韩三国足球发展格局的研究[J]. 西安体育学院学报,18(3):61-63.

詹建国,张雨,2010. 第 29 届奥运会世界田坛竞争格局变化特征分析:探讨中国田径运动发展方向[J]. 北京体育大学学报,33(1):99-102.

战文腾,2014. 运动员跨国流动的梦想与现实:以亚洲与欧洲足球中的非洲移民球员为中心的考察[J]. 武汉体育学院学报,48(3):5-10.

张爱平,2003. 釜山亚运会中日游泳水平比较研究[J]. 上海体育学院学报,27(4):50-53.

张人民,1993. 苏联、东欧体育演变及对奥运力量对比的影响[J]. 中国体育科技,29(2):14-19.

张晓义,2008. 国际竞技体育地域发展不均衡现象的社会学分析[J]. 武汉体育学院学报,42(5):29-32.

张玉泉,2004. 第 14 届亚运会田径竞赛新格局及运动实力演变[J]. 浙江体育科学,26(2):43-48.

张元文,2011. 从第 16 届世界篮球锦标赛看中国队与世界强队的群体差距暨发展对策研究[J]. 中国体育科技,47(4):19-26.

张泽刚,2005. "竞技体育"与"竞技运动"之辨析[J]. 南京体育学院学报(社会科学版),19(2):31-35.

郑芳,丛湖平,2009. 职业体育俱乐部竞争实力均衡的基本假设及度量[J]. 体育科学,29(7):29-36.

郑立勋,2006. 我国奥运会射击项目运动成绩发展过程、影响因素及相关规律的研究[D]. 北京:北京体育大学.

周曰卿,2004. 从奥运会第四阶段看世界田径竞争格局的演变[J]. 体育文化导刊(3):29-30.

邹师,李安娜,2012. 区域体育发展差异与其战略选择:基于政府职能转型的视角[J]. 成都体育学院学报,38(1):7-12.

BERNARD A B, BUSSE M R, 2004. Who wins the Olympic games: economic resources and medal totals[J]. The review of economics and statistics, 86(1):413-417.

BOOTH R, 2005. Comparing competitive balance in Australian sports leagues: does a salary cap and player draft measure up? [J]. Sport management review,8(2):119-143.

BOROOAH V K,MANGAN J,2012. Measuring competitive balance in sports using generalized entropy with an application to English premier league football[J]. Applied economics,44(9):1093-1102.

BUZZACCHI L, SZYMANSKI S, VALLETTI T M, 2010. Equality of opportunity and equality of outcome: open leagues, closed leagues and competitive balance[M]//The Comparative Economics of Sport. London: Palgrave Macmillan UK,174-197.

CHRISTOPH BREUER, TIM PAWLOWSKI, ARND HOVEMANN, 等, 2009. 试析欧洲足球冠军联赛中的“竞争平衡”[J]. 体育科学,29(4):3-16.

DARBY P,2007. Out of Africa: the exodus of elite African football talent to Europe[J]. Working USA,10(4):443-456.

FORREST F D,DE DIOS TENA J,2010. Impact on competitive balance from allowing foreign players in a sports league: evidence from European soccer [J]. Kyklos,63(4):546-557.

GYOZO MOLNAR,2010 . From the Soviet Bloc to the Europrean Community—Migrating professional footballers in and out of Hungary [C]//Joseph Maguire,Mark Falcous. Sport and Migration. London:Routledgeb,39-45.

KONING R H,2000. Balance in competition in Dutch soccer[J]. Journal of the royal statistical society series D-the statistician,49(3):419-431.

LEWIS M,2008. Individual team incentives and managing competitive balance in sports leagues: an empirical analysis of major league baseball[J]. Journal of marketing research,45(5):535-549.

MELANTE E G,FLORIO K M,GERBER J B,et al, 2003. Does a salary cap improve competitive balance? [J]. Atlantic economic journal,31(4).

POLI R,BESSON R,2010. From the South to Europre: a comparative analysis of African and Latin American football migration[C]//Joseph Maguire, Mark Falcous. Sport and Migration. London: Routledgeb,1-17.

RICC F M,2001. African football[M]. Rome: Yearbook.

ROOK CAMPBELL, 2010. Athletic transnational labour in Qatar Staging globalization for national projects: Global sport markets and elite[J]. International review for the sociology of sport,46(5):45-56

ROTTENBERG S, 1956. The baseball players' labor market[J]. Journal of political economy, 64(3): 242-258.

SCARF P A, YUSOF M M, 2011. A numerical study of tournament structure and seeding policy for the soccer World Cup Finals[J]. Statistica neerlandica, 65(1): 43-57.

SHIBLI S A, BINGHAM J B, 2008. A forecast of the performance of China in the Beijing Olympic Games 2008 and the underlying performance management issues[J]. Managing leisure, 13(3-4): 272-292.